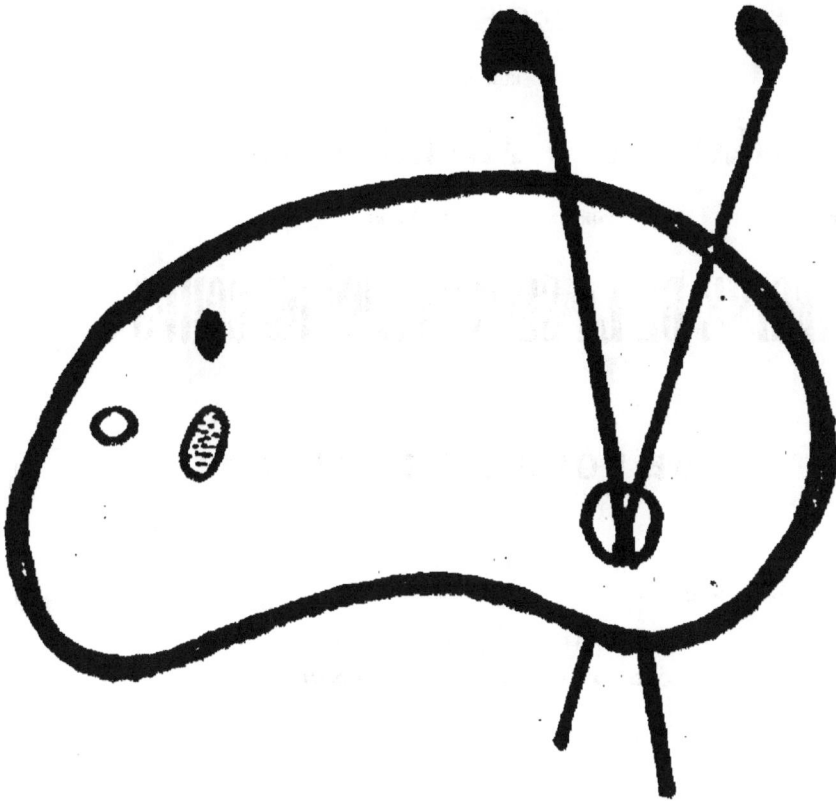

DEBUT D'UNE SERIE DE DOCUMENTS
EN COULEUR

FACULTÉ DE DROIT DE GRENOBLE

ESSAI

SUR LA

LOI DU 6 FÉVRIER 1893

PORTANT MODIFICATION DU

RÉGIME DE LA SÉPARATION DE CORPS

THÈSE POUR LE DOCTORAT

PAR

Rémy BERTET

AVOCAT A LA COUR D'APPEL DE GRENOBLE

PARIS

LIBRAIRIE NOUVELLE DE DROIT ET DE JURISPRUDENCE

ARTHUR ROUSSEAU, ÉDITEUR

14, RUE SOUFFLOT ET RUE TOULLIER, 13

1893

Imp. G. Saint-Aubin et Thereux. — J. Thevenot, successeur, St-Dizier (Haute-Marne).

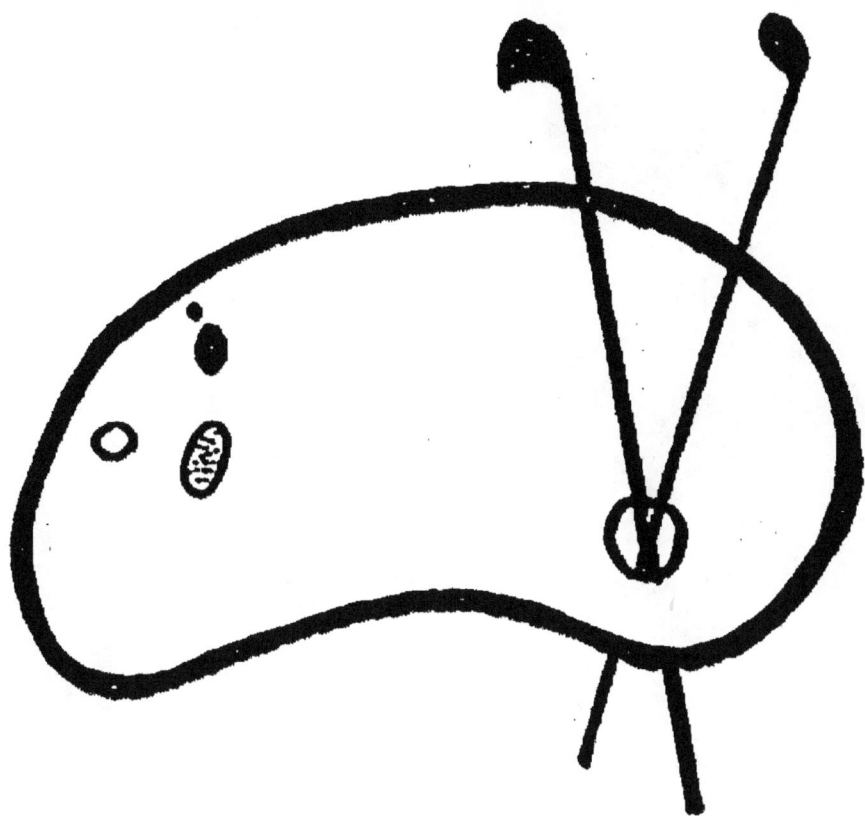

FIN D'UNE SERIE DE DOCUMENTS
EN COULEUR

A LA MÉMOIRE DE MON PÈRE

A MA MÈRE

THÈSE

POUR LE DOCTORAT

PERSONNEL DE LA FACULTÉ

MM. TARTARI, doyen, *professeur de droit civil.*

GUEYMARD ✳, doyen honoraire, *professeur de droit commercial.*

TESTOUD, professeur de droit civil, *en congé.*

GUÉTAT, professeur de législation criminelle.

FOURNIER, professeur de droit romain.

BEAUDOUIN, professeur de droit romain.

BALLEYDIER, professeur de droit civil.

MICHOUD, professeur de droit administratif.

JAY, professeur de droit constitutionnel, *délégué à la faculté de Paris.*

PILLET, professeur de droit international.

BEUDANT, agrégé, chargé de cours.

CAPITANT, agrégé, chargé de cours.

HITIER, agrégé, chargé de cours.

APPLETON, agrégé, chargé de cours.

REBOUD, chargé de cours.

ROYON, secrétaire.

SUFFRAGANTS :

MM. TARTARI, *Doyen.*

GUÉTAT, *Professeur.*

CAPITANT, *Agrégé.*

FACULTÉ DE DROIT DE GRENOBLE

ESSAI

SUR LA

LOI DU 6 FÉVRIER 1893

PORTANT MODIFICATION DU

RÉGIME DE LA SÉPARATION DE CORPS

THÈSE POUR LE DOCTORAT

Présentée et soutenue le 11 juillet 1895,

PAR

Rémy BERTET

AVOCAT A LA COUR D'APPEL DE GRENOBLE

PARIS

LIBRAIRIE NOUVELLE DE DROIT ET DE JURISPRUDENCE

ARTHUR ROUSSEAU, ÉDITEUR

14, RUE SOUFFLOT ET RUE TOULLIER, 13

1895

INDEX BIBLIOGRAPHIQUE

Annuaire de législation étrangère, voir notamment années 1880 et 1887.

Arnault. — *Recueil de législation de l'Académie de Toulouse*, 1893.

Aubry et Rau. — *Cours de Droit civil français*, 4e édition, Paris, 1872.

Bonnet. — *Journal du Notariat*, 1893.

Cabouat. — *Explication théorique et pratique de la loi du 6 février* 1893.

Colmet de Santerre. — *Cours analytique de Code civil.* Paris, 1884.

Demolombe. — *Cours de Droit civil français*, 4e édition, Paris, 1869.

Gide. — *De la condition privée de la femme*, 2e édition, Paris, 1885.

De la Grasserie. — *Projet de Code civil Allemand.* Paris, 1893.

Guillouard. — *Traité du contrat de mariage.* Paris, 1888.

Glasson. — *Le mariage civil et le divorce dans les principaux pays de l'Europe.* Paris, 1879.

Huc. — *Le Code civil Italien et le Code Napoléon.* Paris, 1868.

Joultou. — *Du régime dotal sous le Code civil.* Paris, 1882.

Laurent. — *Principes de Droit civil.* Bruxelles et Paris, 1878.

Lehr. — *Eléments de Droit civil Anglais.* Paris, 1885.

— *Eléments de Droit civil Espagnol.* Paris, 1890.

— *Eléments de Droit civil Germanique.* Paris, 1892.

Margat. — *Etude sur la loi du 6 février 1893 portant modification au régime de la séparation de corps.* Thèse de Paris. 1894.

Poulle. — *Du nom de la femme divorcée et séparée de corps.* Paris, 1887.

Sarrand. — *De la condition de la femme séparée de corps.* Thèse de Paris, 1893.

Surville. — *Revue critique*, 1893.

Thiénot. — *Revue critique,* 1893.

Tournier. — *Revue du Notariat,* 1893.

Troplong. — *Contrat de mariage,* Paris, 1850.

Valette. — *Mélanges de droit, de jurisprudence et de législation.* Paris, 1880.

ESSAI SUR LA LOI DU 6 FÉVRIER 1893

PORTANT MODIFICATION

DU RÉGIME DE LA SÉPARATION DE CORPS

INTRODUCTION

L'ancien droit n'avait pas admis le divorce parce que la religion catholique le repoussait. L'Église et le pouvoir civil étaient alors si étroitement unis que les règlements ecclésiastiques étaient considérés comme lois de l'État. Le seul remède offert aux époux malheureux qui ne pouvaient plus vivre en commun était précisément la séparation d'habitation *divortium a toro et mensâ*.

En quoi consistait cette mesure ?

Pour quelles causes le juge pouvait-il l'admettre ?

Quels en étaient les effets ?

C'est ce que Pothier explique au cours de son *Traité du Mariage* (1).

« La séparation d'habitation, dit-il, est la décharge qui

---

(1) Œuvres de Pothier, Tome V, *Traité du Mariage*, VI⁰ partie, chapitre III, Séparation d'habitation, nᵒˢ 506-525).

pour de justes causes, est accordée par le juge à l'un des conjoints par mariage, de l'obligation d'habiter avec l'autre conjoint et de lui rendre le devoir conjugal, sans rompre néanmoins le lien de leur mariage ».

Les motifs de la séparation étaient laissés à l'appréciation souveraine du juge. On admettait toutefois d'une façon générale que la femme pouvait la demander :

1° A raison des mauvais traitements que son mari lui aurait infligés, et pour en décider ainsi, on s'appuyait sur le texte même des Décrétales d'Innocent III (1).

2° A raison de certaines injures très graves qu'elle aurait eu à subir de la part de son époux.

3° A raison du refus par le mari de fournir à sa femme infirme les soins nécessaires à l'existence.

4° Enfin, à raison d'une accusation capitale portée calomnieusement par l'époux contre l'épouse.

Quant au mari, il pouvait obtenir la séparation d'habitation pour cause d'adultère de sa femme.

Cette mesure avait pour effet, suivant l'expression de Pothier, de dispenser l'épouse de cohabiter avec l'époux et de lui rendre le devoir conjugal. Elle l'autorisait à prendre un domicile séparé. Elle entraînait la restitution de la dot ou la liquidation de la communauté. Elle conférait à la femme un pouvoir d'administration sur ses biens personnels ; mais celle-ci n'en demeurait pas moins soumise à l'autorisation maritale,

---

(1) Chapitre III : « Si tanta sit viri sævitia ut mulieri trepidenti non possit sufficiens securitas provideri ; non solum non debet ei restitui sed ab eo potius amoveri ».

ou à son refus, à l'autorisation de justice pour l'aliénation de ses immeubles.

Le principe de la sécularisation du mariage décrété par la Constitution du 3 septembre 1791 devait conduire à modifier cet état de choses : la loi des 20-25 septembre 1792 vint établir le divorce, et par une de ces réactions violentes dont le droit intermédiaire offre plus d'un exemple, elle prohiba en même temps la séparation de corps (1).

Le projet du Code civil n'avait admis que le divorce ; il repoussait la séparation de corps à laquelle on adressait le reproche fort grave de condamner les époux et surtout celui qui est innocent à un célibat perpétuel. Après de vives discussions, le Conseil d'État rétablit cette mesure. Le législateur de 1803 tâchait ainsi de concilier le système de l'ancien régime avec les dispositions du droit intermédiaire ; il s'inspirait du principe de la liberté des cultes ; il voulait donner aux catholiques, qui rigoureusement ne croient pas pouvoir recourir au divorce, un remède contre les infortunes conjugales. C'est ce que Portalis (2) déclarait dans l'*Exposé général du système du Code civil*; et c'est ce que Treilhard (3) disait après lui dans son

---

(1) Loi des 20-25 septembre 1792 article 7 : « *A l'avenir, aucune séparation de corps ne pourra être prononcée ; les époux ne pourront être désunis que par le divorce.*

(2) Portalis, *Exposé général du système du Code civil*, n° 19. « Il ne faut pas placer un homme fidèle à sa religion entre le désespoir et sa conscience.

(3) Treilhard, *Exposé des motifs sur le titre VI du livre Ier du Code civil*, n° 14 : « Mais le pacte social garantit à tous les Français la liberté de

discours au corps législatif. La séparation de corps prit ainsi dans nos lois, une place définitive à côté du divorce et fut autorisée dans tous les cas où il était permis d'obtenir ce dernier pour cause déterminée (C. civ., art. 306-311).

Si le principe de la sécularisation du mariage proclamé dans la Constitution du 3 septembre 1791, avait conduit à l'établissement du divorce, par contre, en déclarant la religion catholique, religion d'État, la charte de 1814 devait provoquer à brève échéance la suppression de cette institution : la loi du 8 mai 1816 décida l'abolition du divorce. La séparation de corps telle qu'elle avait été organisée par les articles 306-311 du Code civil fut désormais le seul remède auquel les époux puissent recourir en cas d'union malheureuse.

Toutefois, les auteurs du Code civil après avoir réglementé très longuement et très complètement la matière du divorce, ne s'étaient occupés qu'incidemment de la séparation ; ils ne lui avaient consacré qu'un seul chapitre composé de 6 articles, au titre VI et quelques autres dispositions éparses dans le Code civil (art. 1449 et s.) et dans le Code de procédure civile

---

leur croyance ; des consciences délicates peuvent regarder comme un principe impérieux l'indissolubilité du mariage. Si le divorce était le seul remède offert aux époux malheureux, ne placerait-on pas des citoyens dans la cruelle alternative de fausser leur croyance ou de succomber sous un joug qu'ils ne pourraient plus supporter ? Ne les mettrait-on pas dans la dure nécessité d'opter entre une lâcheté ou le malheur de toute leur vie ? Nous aurions bien mal rempli notre tâche si nous n'avions pas prévu cet inconvénient : en permettant le divorce, la loi laissera l'usage de la séparation ; l'époux qui aura le droit de se plaindre pourra former à son choix l'une ou l'autre demande ; ainsi, nulle gêne dans l'opinion et toute liberté à cet égard est maintenue ».

(art. 875 et s.). Ils s'étaient abtenus de déterminer nettement
le caractère et les effets propres à cette institution. Ce laco-
nisme était de nature à faire surgir de graves difficultés ; une
réforme déjà nécessaire sous l'empire du Code civil, s'imposait
plus vivement encore depuis la loi du 8 mai 1816.

Le 7 décembre 1816, le gouvernement de la Restauration
soumettait à la Chambre des pairs un projet d'ensemble qui
réglementait très heureusement la matière (1) ; le projet voté
par la haute assemblée fut transmis le 7 janvier 1817 à la
Chambre des députés où il ne fut jamais discuté. Les choses
demeurèrent en l'état jusqu'à la loi du 27 juillet 1884, et nous
n'avons à signaler durant cette période de soixante-huit ans
que deux innovations d'importance secondaire. La première
est une ordonnance royale du 16 mai 1835 aux termes de laquelle les instances en séparation de corps seront jugées en
audience ordinaire et non en audience solennelle. Cette ordonnance a fait cesser la controverse qui régnait sur le point de
savoir si les demandes en séparation de corps doivent être
rangées parmi les contestations relatives à l'état des personnes. La seconde est la loi des 6-15 décembre 1850 qui est
devenue l'article 313 du Code civil et qui a été modifiée par
la loi du 16 avril 1886. Ce texte veut qu'en cas de divorce ou
de séparation de corps prononcés ou même demandés, le

(1) Ce projet contenait 39 articles divisés en 7 titres qui réglementaient
d'une façon complète les causes, la procédure de la séparation de corps et
la reprise de la vie commune. Quant aux effets, il ne tranchait pas les difficultés relatives au domicile de l'épouse séparée et au nom des conjoints,
mais il étendait la capacité de la femme tout en maintenant le principe de
l'autorité maritale.

mari puisse désavouer l'enfant né plus de 300 jours après l'ordonnance du président qui autorise la femme à avoir un domicile séparé, et moins de 180 jours depuis le rejet définitif de la demande, ou la réconciliation.

La loi du 27 juillet 1884 en rétablissant le divorce, maintint la séparation de corps telle qu'elle avait été réglée par les articles 306-311, mais elle ne trancha aucune des nombreuses difficultés qui s'étaient élevées en la matière.

La loi du 16 avril 1886 vint apporter un premier remède à cette situation : en décidant que les articles 236-244 seraient applicables aux demandes en séparation de corps, elle dota cette institution d'une procédure nouvelle moins coûteuse, moins compliquée que celle qui avait été suivie jusque-là. — Cette réforme était insuffisante : de nombreuses questions relatives aux effets de la séparation de corps restaient privées de solution légale et l'on était obligé d'appliquer ici par voie d'extension les articles du titre du divorce. Toutefois, la chose n'allait pas sans difficulté : si le législateur de 1803 avait indiqué ceux de ces articles qui seraient applicables à la séparation, l'incertitude eût été moins complète ; il l'avait fait en réalité pour quelques-uns d'entre eux (Conf. art. 229, 232, 306). « Mais précisément, les doutes n'en devenaient que plus sérieux et les embarras plus grands à l'égard des autres articles pour lesquels il n'existait point de renvoi semblable (1) ». Aussi, la question avait-elle fait naître de graves dissentiments au sein de la doctrine et de la jurisprudence.

(1) Demolombe, *Cours de Code civil*, t. IV, n° 364.

Il faut appliquer ici, disaient MM. Aubry et Rau, toutes les dispositions du divorce qui ne sont point en opposition avec la nature même de la séparation de corps, avec une disposition expresse ou implicite de la loi, ou avec les principes généraux du droit (1).

D'après M. Demolombe, il y avait lieu de compléter les six articles du chapitre V par ceux des articles du divorce que l'analogie des matières doit rendre communs à la séparation de corps (2).

M. Laurent déclarait au contraire qu'il n'existe pas d'analogie entre le divorce et la séparation de corps : on ne peut donc raisonner, disait-il, d'un cas à un autre par identité de motifs. Il n'y a qu'un cas où l'application analogique des dispositions sur le divorce soit admissible, c'est quand ces dispositions ne font que consacrer des principes généraux du droit ou des conséquences qui découlent de ces principes (3).

Quant aux Tribunaux, les nécessités de la pratique les avaient entraînés beaucoup plus loin.

En ce qui concerne les effets relatifs à la personne des époux on s'entendait généralement à admettre les solutions suivantes :

1° L'homme et la femme sont affranchis par la séparation de corps du devoir de cohabitation imposé par l'article 214, mais le mari peut dans son intérêt et dans celui des enfants

---

(1) Aubry et Rau, *Cours de droit civil français*, t. V, § 491.
(2) Demolombe, *op. cit.*, t. IV, n° 366.
(3) Laurent, *Principes de droit civil*, t. III, n° 313.

demander à la justice d'interdire à l'épouse de rester en un
lieu où elle se déshonorerait (1).

2° L'obligation de fidélité édictée par l'article 212 survit à
la séparation de corps avec cette restriction toutefois que l'a-
dultère de la femme demeure seul punissable (conf. 337 et
339 C. pén.) (2).

3° Le devoir de secours et d'assistance réciproques créé par
le même article n'est pas éteint, mais il n'a plus rien de personnel et se traduira par l'allocation d'une somme d'argent (3).
Et cette pension peut être réclamée par celui des époux qui
se trouve dans le besoin, quand même la séparation aurait été
prononcée contre lui ; il y a lieu en effet d'appliquer ici l'article 212 et non l'article 301 qui doit être restreint au cas de
divorce (4).

4° L'article 506 qui défère au mari la tutelle légale de sa
femme interdite cesse d'être applicable entre époux séparés (5).

5° La prohibition de mariage établie par l'article 298 entre
l'époux contre lequel le divorce a été prononcé pour cause

---

(1) Toulouse, 21 juin 1861, D. 1864.2.171.—En sens contraire, Laurent, *op. cit.*,
t. III, n° 345. Vraye et Gode, *Le divorce et la séparation de corps*, t. II, n° 773.

(2) Aubry et Rau, *op. cit.*, t. V, § 491. Laurent, *op. cit.*, t. III, n° 345. —
Cass. Ch. civ., 2 avril 1861, D. 1861.1.97. Rouen, 31 juillet 1862, D. 1861.
2.238 ; Grenoble, 11 juillet 1863, D. 1865.2.6.

(3) Aubry et Rau, *op. cit.*, t. V, § 491. Laurent, *op. cit.*, t. III, n° 317.

(4) Aubry et Rau, *op. cit.*, t. V, § 491. Laurent, *op. cit.*, t. III, n° 318. —
Ch. req., 3 juillet 1850, D. 1850.1.225 ; Ch. civ., 20 avril 1861, D. 1861.1.97 ;
Rouen, 30 juillet 1862, D. 1861.2.238 ; Grenoble, 11 juillet 1863, D. 1865.
2.6.

(5) Nancy, 15 mai 1873, D. 1869.2.224 ; Poitiers, 22 avril 1869, D. 1874.5.
296 ; req., 25 novembre 1857, D. 1858.1.299. — Demolombe, *op. cit.*, t. IV,
n° 502 et t. VIII, n° 568-A.

d'adultère et son complice n'est pas étendue au cas de séparation de corps intervenue pour le même motif, car alors le mariage ne devient possible qu'après le décès de l'époux qui a obtenu la séparation.

En ce qui concerne les enfants, on admettait :

1° Que les articles 302 et 303 relatifs à leur garde en cas de divorce doit s'appliquer à la séparation de corps (1).

2° Mais que l'article 386 aux termes duquel l'époux contre qui le divorce a été prononcé perd la jouissance légale des biens de ses enfants mineurs, ne doit pas être étendu à la séparation (2).

3° Que par application de la même règle, le père aux torts et griefs de qui la séparation a eu lieu, n'est pas déchu du droit d'administration que lui confère l'article 389, comme celui contre lequel le divorce est prononcé.

En ce qui concerne les biens :

1° On discutait le point de savoir si en cas de séparation de corps, l'époux coupable perd de plein droit les avantages qui

(1) Ch. req., 30 mars 1850, D. 1850.1.165 ; *Id.*, 29 avril 1862 ; D. 1872.1. 515 ; *Id.*, 4 avril 1865, D. 1865.1.387 ; *Id.*, 22 janvier 1867, D. 1867.1.3 ; *Id.*, 18 mars 1868, D. 1868.1.420 ; *Id.*, 29 juin 1868, D. 1871.5.352 ; *Id.*, 21 juillet 1878, D. 1878.1.471. — Laurent, *op. cit.*, t. III, n° 350. Vraye et Gode, *op. cit.*, t. II, n° 822 et s. Cependant MM. Demante, *Cours analytique de Code civil*, n° 31 *bis* II et Aubry et Rau, *op. cit.*, t. V, p. 491 et note 18, enseignent en ce qui concerne la garde des enfants : (*a*) Que le père qui a obtenu la séparation de corps ne peut jamais être privé de leur garde ; (*b*) Que le père contre qui la séparation intervient peut être maintenu dans cette garde sans que le ministère public ou la famille le demandent.

(2) Aubry et Rau, *op. cit.*, t. V, § 491, p. 201. Laurent, *op. cit.*, t. III, n° 352. Le Senne, *Traité de la séparation de corps*, n° 419. Vraye et Gode, *op. cit.*, t. II, n° 818.

lui ont été faits par son conjoint soit dans le contrat de mariage, soit depuis, ce qui revient à se demander si les articles 299 et 300 relatifs au divorce, reçoivent ici leur application. La jurisprudence avait résolu la question dans le sens
de l'affirmative, mais les auteurs s'étaient refusé pour la plupart à consacrer cette solution (1).

2° Enfin, l'incapacité générale dont la femme est frappée
par l'effet du mariage, subsistait après la séparation de corps.
L'épouse était obligée d'obtenir l'autorisation du mari, et en
cas de refus de ce dernier, celle de justice pour tous les actes
qui excédaient le droit d'administration que lui concédait l'article 1449.

On a pu voir par l'exposé qui précède combien la législation
qui règlemente la séparation de corps était demeurée incomplète. On a pu deviner quelles difficultés, quels inconvénients
devait avoir dans la pratique un tel état de choses.

La nécessité de l'autorisation maritale à laquelle l'article 1449
avait soumis l'épouse séparée de corps au même titre que
l'épouse séparée de biens, était notamment une source d'abus
odieux et créait à la femme une situation intolérable que tout
le monde s'accordait à reconnaître, que tout le monde désirait voir cesser. Lorsque la femme avait succombé dans le

---

(1) Dans le sens de l'affirmative : Cass., 23 mai 1845, D. 1845.1.225 ; Lyon,
26 janvier 1861, D. 1861.5.440 ; Tribunal de la Seine, 12 mai 1869, D. 1871.
5.352 ; Caen, 29 janvier 1872, D. 1872.2.159 ; Chambéry, 4 mai 1872, D.
1873.2.129 ; Besançon, 23 avril 1875, D. 1878.2.63 ; Caen, 11 février 1880,
D. 1881.2.183. — Dans le sens de la négative : Aubry et Rau, *op. cit.*, t. V,
§ 494, note 32, Laurent, *op. cit.*, t. III, n° 354. Le Senne, *op. cit.*, n° 402.

débat judiciaire, elle devait s'adresser à un homme peu disposé à l'indulgence, à un homme qui, la plupart du temps
rejetait dédaigneusement sa demande sans examen sérieux et
négligeait de prendre les mesures les plus utiles à ses intérêts.
Lorsque au contraire la séparation de corps avait été prononc-
cée contre le mari, celui-ci, par esprit de vengeance, refusait
systématiquement toutes les autorisations ou bien il les ven-
dait et se les faisait payer aussi cher que possible. La femme
séparée de corps était ainsi soumise dans tous les cas aux
conditions les plus humiliantes ou les plus onéreuses. Antérieurement à la loi du 27 juillet 1884, cette situation était déjà
fort pénible, mais elle constituait alors la règle générale, le
droit commun auquel nulle dérogation n'était possible : la
femme à qui la vie commune était devenue insupportable,
savait par avance qu'un seul remède s'offrait à elle : la séparation de corps ; elle pouvait donc l'accepter sans discussion,
sans hésitation avec toutes ses conséquences. Après le rétablissement du divorce, la situation se modifia et devint plus
grave encore : l'institution nouvelle offrait les plus grands
avantages sur la séparation de corps ; désormais, la femme
allait se trouver dans la triste alternative ou de recourir au
divorce pour sauvegarder ses intérêts en violant ses convictions
morales et religieuses, ou de s'en tenir à la séparation pour
respecter ses scrupules en se portant un préjudice certain. On
s'exposait ainsi à voir s'augmenter les cas de divorce dans des
proportions dangereuses ou à faire des victimes volontaires de
l'inégalité des lois.

La loi de 1893 a eu pour but de parer à ces inconvénients.

Elle devait modifier le régime de la séparation de corps, l'améliorer et remédier à son insuffisance. Elle devait créer une institution qui pût être acceptée même en face du divorce afin que la femme n'ait plus à éprouver des doutes, des hésitations et puisse se décider en toute liberté d'esprit.

« Les lacunes de notre loi civile en matière de nullités de mariage et de séparation de corps, disait M. Allou, ont souvent été signalées. Les jurisconsultes les ont reconnues à la presque unanimité et la démonstration en a été faite par d'éloquents avocats dans les causes célèbres qui ont ému et passionné l'opinion publique. Pendant la discussion en première lecture de la loi sur le rétablissement du divorce, les orateurs en ont tous parlé. Il est peut-être même permis de dire que c'est précisément en présence du fonctionnement de la loi nouvelle; qu'on peut saisir plus vivement encore l'intérêt, l'opportunité de cette réglementation que nous vous demandons par respect pour les consciences inquiètes, agitées, incertaines, troublées et qui pourraient rencontrer dans les mesures que nous vous proposons et que nous vous sollicitons d'adopter une sauvegarde et une protection. Voilà, Messieurs, l'intérêt général de la proposition de loi qui a été renvoyée à la commission dont je suis aujourd'hui l'organe devant le Sénat (1) ».

Trois ans plus tard, M. Arnault, tenait le même langage à la Chambre des députés (2). Il pouvait d'ailleurs invoquer l'opi-

(1) Allou, Rapport au Sénat, 12 juin 1881. Sénat, *Documents parlementaires*, année 1881, n°⁵ 185 et 185 *bis*, p. 250 et 507.
(2) L'honorable député s'exprimait ainsi dans son rapport : « La nécessité de cette amélioration n'est pas douteuse. Tout le monde sait que la situation des femmes séparées est à certains égards intolérable depuis le ré-

nion de M. Naquet lui-même à l'appui de la réforme projetée.

L'éminent sénateur avait en effet reconnu dès 1884 la nécessité d'une réglementation nouvelle de la séparation de corps (1).

La proposition de loi avait ainsi la bonne fortune de recueillir
des suffrages non seulement parmi les adversaires du divorce,
mais encore, parmi les partisans les plus convaincus de cette
dernière institution.

tablissement du divorce. La nécessité de l'autorisation maritale ou de justice
pour les actes qui dépassent la libre administration de leurs biens et pour
plaider les met en présence de deux sortes de maris : les uns par esprit de
vengeance accumulant les lenteurs, refusant après avoir promis d'autoriser,
ne se servant en un mot de ce qu'on a appelé la tutelle de leurs femmes que
pour entraver les affaires de celles-ci, les gêner, les vexer ; les autres
absolument vils, se faisant de l'autorisation un instrument de chantage, puisque le mot a pris place dans la langue juridique. Avant le divorce, cette situation n'était pas agréable assurément, mais c'était le sort commun. Les
promesses législatives faites en 1816 lors de l'abolition du divorce n'avaient
malheureusement pas été tenues et le régime de la séparation de corps tracé
en quelques lignes par les rédacteurs du Code civil surtout occupés du
divorce était resté sans les améliorations nécessaires. Aujourd'hui, et le divorce rétabli, peut être, soit dit en passant, par suite des griefs accumulés à
cause de ce maintien injuste d'une législation reconnue insuffisante, la réforme s'impose puisque selon l'expression même de M. Naquet, la loi ne doit
pas pousser au divorce, y contraindre l'épouse qui se contenterait de la séparation de corps si celle-ci était comme on a dit, habitable » (Rapport de
M. Arnault à la Chambre des députés, 23 novembre 1887. Chambre des députés, *Documents parlementaires*, année 1887, annexe n° 2151, p. 438 et suiv.

(1) « Nous pensons, disait-il, que lorsque émus soit par des considérations
d'ordre religieux, soit par des considérations morales particulières, les époux
sont l'un et l'autre d'accord pour repousser ce remède du divorce que nous
trouvons supérieur, mais qu'eux trouvent inférieur pour recourir par contre,
à la séparation de corps, la séparation de corps doit leur être laissée. Nous
la leur avons laissée, mais nous estimons qu'il ne faut pas dans ce cas leur
créer une situation par trop difficile, par trop intolérable, par trop éloignée
des avantages que leur apporterait le divorce ». Discours Naquet au Sénat,
18 juin 1885. Sénat, *Débats parlementaires*, 1885, p. 710.

Le projet dont nous avons exposé les motifs est dû à l'initiative de MM. Allou, Batbie, Denormandie, Jules Simon sénateurs. Il fut déposé par M. Allou sur le bureau du Sénat le 12 juin 1884 (1) et renvoyé à l'examen d'une commission dont M. Allou lui-même fut élu rapporteur (2).

La proposition de loi telle qu'elle avait été élaborée par la commission, peut être divisée en trois parties distinctes :

1° Extension des cas de nullité de mariage ;

2° Modifications à la procédure de la séparation de corps.

Nous n'insisterons pas sur ces deux points :

Le premier fut l'objet d'un avis défavorable du Conseil d'État lorsque l'ensemble du projet fut soumis à cette assemblée. Il fut dès lors abandonné (3).

(1) Sénat, *Documents parlementaires*, 1884, *loco praecitato*.

(2) Sénat, *Documents parlementaires*, 1884. — Document 185, n° 150, p. 163.

(3) Lorsqu'il décidait dans l'article 180, § 2, que le mariage pourrait être attaqué pour *erreur dans la personne* de l'un des conjoints, le législateur de 1803 qu'entendait-il exactement par ces mots *erreur dans la personne* ?

Que l'erreur dans la personne physique entraîne la nullité et même l'inexistence du mariage, c'est ce que tout le monde décide.

L'erreur dans la personne civile est-elle également une cause de nullité ? L'affirmative est très généralement admise, et une jurisprudence constante s'est depuis longtemps formée en ce sens.

Quant à l'erreur dans la personne morale, la grande majorité des auteurs et l'unanimité des décisions judiciaires se refusent à y voir une cause de nullité du mariage.

La première partie du projet de MM. Allou, Batbie, Denormandie et Jules Simon devait modifier le texte de l'article 180, § 2 en précisant la portée des mots *erreur dans la personne*. Il consacrait cette opinion dès longtemps admise que l'erreur dans la personne civile est de nature à entraîner la rupture du lien conjugal ; il décidait en conséquence que la *substitution*, l'*usurpation*, la *fabrication* d'état civil de l'un des conjoints était une cause de nullité du mariage. Il introduisait enfin une cause de nullité basée sur

Le second fut tranché par la loi du 18 avril 1886 (1).

Le troisième contenait une réforme de la législation en matière de séparation de corps. Cette réforme portait sur le nom des époux, sur la règle de l'autorisation maritale, sur le domicile de la femme séparée de corps. Elle a abouti à la loi du 6 février 1893 après avoir reçu de nombreuses modifications et certaines dispositions additionnelles.

L'ensemble de la proposition présentée par la commission

l'erreur dans la personne morale au profit de l'époux qui, sans en être instruit, s'unissait à une personne condamnée à une peine afflictive et infamante antérieurement au mariage.

Cette partie du projet complétait très utilement, ce nous semble, la réforme projetée ; on se proposait d'offrir aux conjoints qui ne voulaient pas du divorce, des avantages équivalents à ceux que leur aurait donnés la loi du 27 juillet 1884 ; or, il est des hypothèses exceptionnellement graves où la séparation de corps ne constitue pas un remède suffisant, tel, par exemple, le cas de la jeune fille qui, sans le savoir, épouse un forçat libéré. L'adoption du texte proposé par la commission du Sénat aurait permis à l'époux victime d'une semblable erreur, de rompre le lien conjugal par la voie de l'action en nullité et sans recourir au divorce.

Le Conseil d'Etat se montra hostile à toute modification de l'article 180. On pensait sans doute qu'il ne fallait toucher qu'avec la plus grande réserve à une matière aussi délicate que celle des nullités de mariage et les auteurs de la proposition abandonnèrent ce point pour ne pas compromettre le reste du projet.

(1) Il s'agissait de modifier la procédure prescrite par les articles 876 et 878 du Code de procédure civile en cas de séparation de corps. Aux termes de ces articles, la première ordonnance du président ne vise que la comparution des époux. Seule, la seconde ordonnance doit prescrire les mesures provisoires relatives à la garde des enfants, au domicile de la femme, à la restitution des linges appartenant à celle-ci.

Le texte déposé par la commission du Sénat autorisait le président à statuer sur toutes ces questions dès la première ordonnance afin d'éviter aux époux les désagréments de la vie commune pendant le temps qui s'écoule entre les deux ordonnances. La loi du 18 avril 1886 en déclarant les articles 236 et 238 applicables à la séparation de corps a réalisé cette réforme.

2

du Sénat fut discuté une première fois par la Haute Assemblée dans les séances des 13, 17, 18 et 30 juin 1885 (1).

Elle fut alors renvoyée à l'examen du Conseil d'État sur la demande de M. Brisson président du Conseil des ministres, garde des sceaux, ministre de la justice (2).

Le Conseil d'État prit une délibération dans les séances des 28 janvier, 10 et 16 février 1886. Son avis fut suivi d'un rapport de M. Flourens, président de la section de législation et des affaires étrangères (3).

La proposition fut alors retournée à la commission du Sénat et fit l'objet d'un rapport supplémentaire de M. Allou au nom de cette commission (4).

Une nouvelle discussion s'ouvrit devant la Haute Assemblée les 19, 20, 25, 28 janvier 1887 et se termina par l'adoption d'un texte de loi (5).

Ce texte transmis à la Chambre des députés fut renvoyé à l'examen d'une commission dont M. Arnault fut élu rapporteur en 1887 et M. Jullien en 1890 (6).

Le projet déposé par cette commission fut voté sans discussion par la Chambre le 18 juin 1892 (7) puis renvoyé à la

(1) Sénat, *Débats parlementaires*, 1885, p. 676-686, 701-707, 710-721, 783-788.

(2) Sénat, *Débats parlementaires*, 1885, p. 788.

(3) Avis du Conseil d'État, Sénat, *Documents parlementaires*, 1886, p. 380. Rapport de M. Flourens, Sénat, *Documents parlementaires*, 1886, p. 377.

(4) Sénat, *Documents parlementaires*, 1886, annexe 21, p. 376.

(5) Sénat, *Débats parlementaires*, 1887, p. 15-23, 27-40, 43-52, 55-56.

(6) Rapport Arnault : Chambre des députés, *Documents parlementaires*, 1887, loc. præcitato. Rapport Jullien : Chambre des députés, *Documents parlementaires*, 1890, annexe 701, p. 1261.

(7) Chambre des députés, *Journal Officiel* du 19 juin 1892.

commission du Sénat qui chargea M. Demôlo de rédiger un nouveau rapport (1).

La proposition revint d'urgence devant le Sénat où elle fut discutée dans les séances des 16, 17 et 27 janvier 1893 (2).

Le texte qui fut alors voté est devenu la loi du 6 février 1893 dont nous reproduisons ci-après les dispositions.

Loi du 6 février 1893.

ART. 1er. — *L'article 108 du Code civil est complété ainsi qu'il suit :*

La femme séparée de corps cesse d'avoir pour domicile légal le domicile de son mari.

Néanmoins, toute signification faite à la femme séparée, en matière de question d'état, devra également être adressée au mari à peine de nullité.

ART. 2. — *L'article 299 du Code civil est complété ainsi qu'il suit :*

Par l'effet du divorce, chacun des époux reprend l'usage de son nom.

ART. 3. — *L'article 311 du Code civil est remplacé par les dispositions suivantes :*

Art. 311 : Le jugement qui prononce la séparation de corps ou un jugement postérieur, peut interdire à la femme

(1) Sénat, *Documents parlementaires*, 1893, session extraordinaire, annexe 17, p. 501.

(2) Sénat, *Débats parlementaires*, 1893, p. 22-31, 38-42, 115-118.

*de porter le nom de son mari, ou l'autoriser à ne pas le
porter. Dans le cas où le mari aurait joint à son nom le
nom de sa femme, celle-ci pourra également demander
qu'il soit interdit au mari de le porter.*

*La séparation de corps emporte toujours la séparation
de biens.*

*Elle a en outre pour effet de rendre à la femme le plein
exercice de sa capacité civile sans qu'elle ait besoin de recourir à l'autorisation de son mari ou de justice.*

*S'il y a cessation de la séparation de corps par la récon-
ciliation des époux, la capacité de la femme est modifiée
pour l'avenir et réglée par les dispositions de l'article 1449.
Cette modification n'est opposable aux tiers que si la reprise
de la vie commune a été constatée par acte passé devant
notaire, avec minute dont un extrait devra être affiché en
la forme indiquée par l'article 1445, et de plus, par la
mention en marge : 1° de l'acte de mariage, 2° du jugement ou de l'arrêt qui a prononcé la séparation, et enfin
par la publication en extrait dans l'un des journaux du
département recevant les publications légales.*

Art. 4. — *L'article 248 du Code civil est modifié ainsi
qu'il suit :*

*L'appel est recevable pour les jugements contradictoires
dans les délais fixés par les articles 443 et suiv. du Code
de procédure civile.*

*S'il s'agit d'un jugement par défaut, le délai ne com-
mence à courir qu'à partir du jour où l'opposition n'est
plus recevable.*

En cas d'appel, la cause s'instruit à l'audience ordinaire et comme affaire urgente.

Les demandes reconventionnelles peuvent se produire en appel sans être considérées comme demandes nouvelles.

Le délai pour se pourvoir en cassation court du jour de la signification à partie pour les arrêts contradictoires, et, pour les arrêts par défaut, du jour où l'opposition n'est plus recevable.

Le pourvoi est suspensif en matière de divorce et en matière de séparation de corps (1).

(1) La loi du 18 avril 1886 (art. 307) avait déclaré applicables à la séparation de corps les articles 236-241. Logiquement, il fallait en conclure que les règles de l'article 248 relatives aux voies de recours en matière de divorce ne devaient pas être étendues à la séparation. Malgré cette restriction, la jurisprudence antérieure à la loi nouvelle appliquait ici les dispositions de ce texte, avec cette réserve toutefois que dans les instances en séparation de corps, elle ne reconnaissait pas au pourvoi en cassation un effet suspensif. Le dernier alinéa de l'article 4 a donc réalisé une véritable innovation dont l'utilité ne nous paraît pas contestable : le législateur de 1893 ayant restitué à l'épouse séparée de corps sa pleine capacité, celle-ci aurait peut-être profité des délais du pourvoi et de l'instance devant la Cour suprême pour user et abuser de sa nouvelle situation compromettre et dissiper sa fortune. L'arrêt qui a prononcé la séparation de corps étant plus tard cassé et réformé, la femme retombant sous l'autorité maritale, de tels actes n'en seraient pas moins demeurés définitifs et irrévocables. « Le dernier paragraphe de l'article 248, dit M. Demôle (Rapport précité *loc. præcit.*) aux termes duquel la Chambre attribue au pourvoi l'effet suspensif en matière de séparation de corps, a appelé tout spécialement notre attention ».

« Cet effet suspensif n'est édicté par aucun texte actuel, et la jurisprudence résout la question en sens contraire.

« Il y a donc là une innovation qui porte sur le fond même du droit.

« Quelque hésitation s'étant manifestée à cet égard au sein de la commission, on a fait observer que surtout avec la restitution de la capacité civile aux femmes ayant obtenu la séparation, il pouvait être très dangereux, dans l'intérêt des familles de laisser s'exécuter une décision susceptible d'être

ART. 5. — *La présente loi s'applique aux séparations de corps prononcées ou demandées avant sa promulgation* (1).

ART. 6. — *Les dispositions contraires à la présente loi sont abrogées.*

cassée. Cette éventualité a paru déterminante, et la solution proposée par la Chambre a été adoptée ».

Les arrêts qui prononcent la séparation de corps sont-ils les seuls dont l'effet soit suspendu par le pourvoi en cassation ? — Faut-il au contraire soumettre à la même règle : 1° les décisions d'avant faire droit qui interviennent au cours de l'instance. — 2° les arrêts définitifs qui rejettent la séparation ?

Si l'on s'en réfère aux observations présentées par M. Demôle, *loc. cit.*, il semble bien que l'intention du législateur ait été de n'attribuer l'effet suspensif qu'aux pourvois formés contre les arrêts qui prononcent la séparation de corps. Telle est du moins la seule hypothèse qu'ait envisagé l'honorable sénateur dans son rapport.

Nous croyons cependant qu'il y a lieu d'appliquer les dispositions du dernier alinéa de l'article 248 à toutes les décisions rendues en matière de séparation de corps quelles qu'elles soient et sans distinction : le texte de la loi a une portée générale et absolue ; il ne permet aucune restriction limitative. La solution contraire exposerait du reste aux plus graves mécomptes.

Tout d'abord, si le pourvoi formé contre un arrêt interlocutoire n'était pas suspensif, il pourrait arriver que l'arrêt qui prononce la séparation fût annulé par voie de conséquence, l'interlocutoire qui lui sert de base étant cassé.

D'autre part, si le pourvoi formé contre un arrêt de rejet de la demande, n'avait pas le même caractère, « après cet arrêt, la vie commune devrait reprendre, dit M. Sarrand (*De la condition de la femme séparée de corps*, Thèse pour le doctorat, Paris, 1863, p. 116), les droits de la puissance paternelle, maritale réapparaîtraient dans leur intégrité ; la femme n'aurait plus ni domicile distinct, ni liberté, ni pouvoirs, et pourtant, l'arrêt ne serait pas irrévocable, cette vie commune, ne serait pas définitive. Rapprocher de force des êtres en vertu d'un arrêt mal rendu, entaché de nullité serait illogique, imprudent, absurde » (Voir également en ce sens : Margat, *Etude sur la loi du 6 février 1893 portant modification au régime de la séparation de corps*, p. 17 et s., thèse pour le doctorat, Paris, 1894).

(1) C'est une prescription conforme à tous les principes en ce qui concerne l'état et la capacité des personnes. Les femmes séparées ou en instance de séparation au moment où fut promulguée la loi nouvelle doivent bénéficier de ses dispositions.

ART. 7. — *La présente loi est applicable aux colonies où les dispositions du Code civil ci-dessus visées sont en vigueur* (1).

Cette étude sera divisée en 6 chapitres.

1° Nous examinerons les dispositions relatives au domicile de la femme séparée de corps.

2° Nous présenterons quelques notions générales sur la capacité de la femme séparée de corps antérieurement à la loi du 6 février 1893.

3° Nous étudierons la capacité de la femme séparée de corps telle qu'elle est établie par la loi nouvelle.

4° L'influence de la séparation de corps sur les conventions matrimoniales.

5° Les effets de la cessation de la séparation de corps.

6° Enfin, nous traiterons dans un appendice la question du nom des époux séparés de corps.

(1) On admet depuis longtemps que pour s'appliquer à celles de nos colonies qui sont placées déjà sous l'empire du Code civil tout entier ou d'une partie de ses dispositions, une loi modificative de ce Code doit contenir une prescription spéciale. C'est ainsi que la loi du 17 juillet 1880 a étendu aux colonies la loi du 2 août 1868 portant abrogation de l'article 1781 du Code civil; que la loi du 27 février 1880 abrogeant la loi du 21 mars 1800 modificative des dispositions de l'article 452 du Code civil, porte un article spécifiant qu'elle est applicable à l'Algérie et aux colonies de la Martinique, de la Guadeloupe, de la Réunion etc., etc. Le législateur de 1893 a voulu se soumettre à la stricte observation de cette règle pour éviter les difficultés que n'eût pas manqué de faire naître son silence sur ce point.

CHAPITRE PREMIER

DU DOMICILE DE LA FEMME SÉPARÉE DE CORPS.

SECTION I
Coup d'œil rétrospectif sur la question.

Notre ancien droit admettait que la femme séparée de corps
pût avoir un domicile distinct de celui de son mari : « Lorsqu'une femme, disait Pothier, est séparée d'habitation par un
jugement qui n'est suspendu par aucun appel ni opposition,
elle peut s'établir un domicile qui lui devient propre (1) ».
Bouhier exprimait le même avis : « La séparation de corps,
écrivait-il, donne à la femme la liberté d'aller habiter où il lui
plaira ; elle a donc le droit de choisir un nouveau domicile ;
ainsi, cela dépend de sa volonté de laquelle on juge à cet
égard comme de celle de toute autre personne (2) ».

Le Code civil ne pouvait guère consacrer une autre solution,
car, la séparation de corps prononcée, il n'existe aucune raison pour imposer à la femme le domicile du mari. Cependant,
le législateur de 1803 ne s'étant pas nettement expliqué sur
la question, quelques hésitations se manifestèrent en doctrine
et en jurisprudence pendant les premières années qui suivirent

(1) Pothier, *Introduction générale aux Coutumes*, n° 10, *in fine*.
(2) Bouhier, *Observations sur la Coutume de Bourgogne*, ch. XXII, n° 201.

la promulgation du Code civil. Le doute venait de ce que l'article 108 décide d'une façon générale et absolue « *que la femme mariée n'a point d'autre domicile que celui de son mari* (1) ».

Cette interprétation judaïque de l'article 108 ne tarda pas à être complètement rejetée pour des raisons qui paraissent absolument décisives.

Il est évident qu'ici le législateur n'a pas songé au cas spécial de la séparation de corps mais bien à la règle générale et qu'il a statué *de eo quod plerumque fit*. D'autre part, il est juste d'observer qu'à l'époque où le titre III fut décrété, le titre VI ne l'était pas encore. Nul ne pouvait donc prévoir alors que parallèlement au divorce, on admettrait la séparation de corps.

Enfin, il y aurait en pratique les plus graves inconvénients à refuser un domicile distinct à la femme séparée de corps que l'on mettrait ainsi en mainte et mainte circonstance à la discrétion de son mari : croit-on par exemple que les significations qui lui seraient adressées au domicile de ce dernier lui parviendraient toujours ? Ne serait-il pas à craindre que l'homme ne se fit un jeu de les intercepter ?

Une doctrine et une jurisprudence constantes décidaient donc depuis longtemps que l'épouse séparée de corps judiciairement pouvait se créer un domicile autre que celui de son époux (2).

(1) Merlin, *Répertoire*, domicile, § 5. Zachariae, *Droit civil français*, t. I, p. 280. — Ch. req., 26 juillet 1808.

(2) Demolombe, *op. cit.*, t. I, n° 358. Laurent, *op. cit.*, t. II, n° 85. Au-

Les auteurs de la proposition qui devait aboutir à la loi du 6 février 1893, songèrent à faire consacrer ces décisions par un texte législatif. Leur projet contenait à cet égard la disposition suivante qui fut votée par le Sénat le 18 juin 1885 : « La femme séparée de corps cesse d'avoir pour domicile légal le domicile de son mari (1) ».

Lorsque le Conseil d'État fut appelé à délibérer sur la question, il se prononça pour l'adoption du texte proposé : « L'article 108 du Code civil, disait M. Flourens, porte que la femme mariée n'a point d'autre domicile que celui de son mari. Cette règle reste en vigueur même après que par effet de la séparation de corps, les époux ont acquis les droits de n'avoir plus la même résidence, de s'interdire réciproquement l'accès de la maison où ils se sont retirés. Il y a là contradiction manifeste. De cet illogisme de la loi, il existe une situation contraire aux intérêts de la femme comme aux intérêts des tiers. Aussi, l'octroi à la femme séparée de corps et de biens de se constituer un domicile légal distinct de celui du mari n'a-t-il, lors de la première lecture soulevé aucune objection au Sénat ; il n'en n'a pas rencontré davantage au Conseil d'État et c'est à l'unanimité que l'Assemblée générale s'est prononcée en faveur de l'adoption du texte proposé (2) ».

Cette disposition fut tout aussi favorablement accueillie par la commission de la Chambre des députés. M. Arnault après

---

br, : Rau, *op. cit.*, t. I, § 143 et notes 5 et 6. Baudry-Lacantinerie, *Précis de droit civil*, t. I, n° 307. — Dijon, 24 janvier 1872, D. 1873, 2, 13 ; Req., 19 août 1872, D. 1873. I. 479.

(1) Sénat, *Débats parlementaires*, 1885, p. 716.

(2) Flourens, Rapport cité, *loco præcit.*

avoir déclaré qu'elle ferait cesser certaines controverses, jus-
tifiait ainsi la solution qu'elle consacrait : « Il est trop clair que
la femme ne peut pas être raisonnablement censée présente
et avoir son principal établissement en un lieu où elle n'a plus
le droit d'habiter et d'être reçue tant qu'il n'y a pas réconciliation. La femme séparée de corps ne sera plus obligée d'être
désormais dans cette situation extraordinaire de la résidence
distincte du domicile (1) ».

Cependant, tout en autorisant la femme séparée de corps à
avoir son domicile propre, le projet de MM. Allou, Batbie,
Denormandie et Jules Simon admettait une dérogation consi-
dérable à cette règle : le texte de la proposition contenait la
restriction suivante :

« Néanmoins, toute signification faite à la femme devra
être également adressée au mari à peine de nullité ».

On exigeait ainsi une double signification de tous les actes
de procédure intéressant l'épouse. Cette restriction était du
reste conforme à l'esprit général du projet qui ne suppri-
mait pas l'autorité maritale après la séparation de corps, mais
qui en atténuait simplement les effets dans certains cas :
« Respectueux des droits du mari et des intérêts des enfants,
disait M. Allou, nous avons voulu qu'une notification des actes adressés à la femme fut faite au mari pour lui permettre
d'intervenir (2) ».

Cette partie de la proposition rejetée par le Conseil d'État,

---

(1) Arnault, Rapport précité à la Chambre des députés, *loco. præcit.*
(2) Allou, discours précité au Sénat, *loc. præcit.*

fut reprise en seconde délibération par la commission du Sénat (1).

La Haute Assemblée admit une règle intermédiaire entre le système du Conseil d'État et celui de la commission : le texte voté postérieurement à l'adoption de l'amendement Bardoux (2) consacrait une nouvelle différence entre la femme qui a obtenu la séparation de corps et celle contre qui cette mesure a été prononcée. Il était conçu dans les termes suivants :

« Néanmoins, toute signification faite à la femme devra être également adressée au mari à peine de nullité ».

« Cette double notification ne sera pas nécessaire au cas où la femme séparée aura recouvré l'exercice de sa capacité civile, excepté en matière de questions d'état ».

La loi devait plus tard conférer à toutes les femmes séparées de corps « une pleine capacité civile ». La distinction introduite de ce chef par le Sénat dans l'article 1er de la loi disparut donc du texte définitif, mais on conserva la dernière des dispositions votées en 1887 : on admit que les actes signifiés à la femme devaient être notifiés au mari lorsqu'ils se référaient à une question d'état.

SECTION II
Régime adopté par la loi du 6 février 1893.

Aux termes de l'article 1er § 1 de la loi du 6 février 1893, *« L'article 108 du Code civil est complété ainsi qu'il suit :*

---

(1) Allou, Rapport supplémentaire précité au Sénat, *loc. præcit.*
(2) Sur l'amendement Bardoux, voir *infrà*, p. 45 et s.

La femme séparée de corps cesse d'avoir pour domicile légal le domicile de son mari ».

Désormais, la femme séparée de corps pourra donc incontestablement avoir un domicile distinct de celui de son époux.

Ce domicile sera déterminé d'après les règles du droit commun. Si la femme est majeure et non interdite, elle pourra le fixer et le transférer à son gré (art. 102, 103, 104, 105, C. civ.). Si elle est mineure ou interdite, elle sera domiciliée chez son tuteur (art. 108, C. civ.) (1). Si elle est en service, elle aura le même domicile que ses maîtres (art. 109, C. civ.).

Nous avons vu que si bien la jurisprudence antérieure à la loi nouvelle reconnaissait à la femme séparée de corps le droit d'avoir un domicile propre, du moins, elle permettait au mari de s'adresser à la justice pour faire interdire à la femme de fixer ou de conserver ce domicile en des lieux peu convenables. Il avait été jugé notamment par application de cette règle que les Tribunaux pouvaient défendre à l'épouse séparée d'habiter une maison où elle vivait avec un homme qui avait été précédemment condamné comme son complice du délit d'adultère (2).

Le mari a-t-il gardé le même droit sous l'empire de la loi du 6 février 1893 ? Certains auteurs semblent l'admettre (3). Il n'y a, dit-on, dans cette mesure qu'une sanction de l'obligation de fidélité imposée à la femme par l'article 212 du Code

---

(1) Nous avons dit *suprà* p. 10 qu'en cas de séparation de corps, le mari n'est plus de plein droit tuteur de sa femme interdite.

(2) Toulouse, 24 juin 1861, D. 1864.2.174, rapporté *supra*, p. 7.

(3) Caboual, *Explication théorique et pratique de la loi du 6 février 18*.. p. 85.

civil ; or cette obligation subsiste après la séparation : la sanction doit survivre avec elle.

Nous ne saurions admettre cette solution. L'article 108, § 1
nouveau est conçu en termes absolument généraux qui ne
souffrent ni restriction ni limitation. Si le mari redoute de voir
compromettre son honneur et celui des enfants, l'article 3,
§ 1 de la loi nouvelle lui permettra de prévenir ce danger en
l'autorisant à poursuivre devant les tribunaux l'obtention d'un
jugement qui interdira à la femme de porter le nom de la
famille. Il conserve du reste à sa disposition un autre moyen
d'action plus puissant, plus efficace encore : il demeurera toujours libre, le cas échéant, de demander le divorce pour injure
grave survenue depuis la séparation (1). Enfin, s'il est vrai
que le devoir de fidélité survit à la séparation de corps, l'article 337 du Code pénal n'est-il pas suffisant à assurer la stricte
observation de cette obligation ? C'est dans ce texte que se
trouve la sanction des prescriptions de l'article 212 ; il ne faut
pas les chercher ailleurs dans certaines mesures plus ou moins
légales qui, si elles étaient exécutées, seraient le prétexte facile
de vexations et de tracasseries auxquelles la loi nouvelle a précisément voulu mettre un terme (2).

L'article 1er § 2 est conçu dans les termes suivants : *Néanmoins, toute signification faite à la femme séparée en ma-*

---

(1) En ce sens : Paris, 22 juillet 1886, D. Suppl. au *Rép. de jurispru-
dence,* t. V, Divorce et séparation de corps, n° 677, note 1. Carpentier,
Traité du divorce, n° 400. Vraye et Gode, *op. cit.,* t. I, n° 400. Coulon et
Faivre, *Manuel formulaire du divorce,* art. 310.

DROIT COMPARÉ. — *Italie* : art. 18, C. civ. Italien : « La femme qui n'est
pas légalement séparée a le domicile du mari ».

*tière de question d'état devra également être adressée au
mari à peine de nullité.*

Il résulte de ce texte qu'en thèse générale, il est inutile de
signifier au mari les actes de procédure intéressant la femme
séparée de corps. Au surplus, cette règle n'est qu'une conséquence du principe admis par la loi nouvelle que l'épouse séparée peut ester en justice sans le concours de son époux. Il
devenait inutile de mettre le mari au courant d'une instance
dans laquelle son intervention n'est plus nécessaire, à laquelle
il doit rester complètement étranger.

Notre article contient une dérogation à la règle en ce qui
concerne les questions d'état intéressant la femme. Que faut-il
entendre ici par ces mots questions d'état? Ils embrassent à
notre avis, toutes les contestations que l'épouse peut avoir à
soutenir en tant qu'on la considère comme membre de l'association politique ou de la famille à laquelle elle appartient (1).
Ils comprennent donc les questions de nationalité, de nullité
de mariage, de réclamation et de contestation d'état, de re-
connaissance, de légitimation et d'adoption. Dans un débat de
cette nature, les actes signifiés à l'épouse séparée de corps
doivent être communiqués au mari « à raison, dit M. Arnault, de l'importance de ces questions pour la famille » (2).
L'honneur de l'époux, les intérêts des enfants sont ici en jeu et
de telles raisons justifient amplement l'exception introduite
dans l'article 1er § 2 (3).

(1) Aubry et Rau, *op. cit.*, t. I, § 52.
(2) Rapport à la Chambre des députés, *loc. præcit.*
(3) Sur le caractère et la nature du droit d'intervention réservé au mari,
voir *infrà*, p. 07 et suiv.

CHAPITRE II

Nous présenterons ici quelques observations sur la situation juridique de la femme séparée de corps telle qu'elle avait été réglée par le Code civil, nous examinerons ensuite les différents projets qui ont été discutés : 1° au Sénat en 1885 ; 2° au Conseil d'État en 1886 ; 3° au Sénat en 1887 ; 4° à la Chambre des députés en 1887 et en 1892 ; 5° au Sénat en 1893.

§ 1. — Code civil.

Le législateur de 1804 avait établi en faveur de l'épouse séparée de corps une dérogation au principe de l'autorité maritale. L'article 311 décidait que la séparation de corps emporterait toujours la séparation de biens. La femme séparée de corps était donc assimilée à la femme séparée de biens au point de vue de la capacité et l'article 1449 permettait à l'une et à l'autre de faire librement, sans avoir besoin d'aucune autorisation, les actes intéressant l'administration de leur fortune. On décidait généralement que ce droit de libre administration conférait à l'épouse séparée la faculté :

2

1° De toucher ses revenus et d'en faire tel emploi qu'elle jugerait convenable (1).

2° De louer ses immeubles pour une durée n'excédant pas neuf ans (2).

3° De payer elle-même ses dettes (3).

4° De recevoir et poursuiv le remboursement de ses capitaux, d'en donner décha ge avec mainlevée des inscriptions hypothécaires affec. es à leur sûreté (4).

5° De disposer à titre onéreux de ses meubles corporels ou incorporels (5), tout au moins quand ces aliénations revêtent le caractère de simples actes d'administration (6) et notam-

(1) La femme séparée pouvait notamment faire chaque année sans l'autorisation du mari des dons manuels et rémunératoires avec les fonds provenant de ses économies. Paris, 28 juin 1851, D. 52. 2. 22. — Guillouard, *Traité du contrat de mariage*, t. III, n° 1190.

(2) Rodière et Pont, *Traité du contrat de mariage*, t. III, n° 2180. Aubry et Rau, *op. cit.*, t. V, § 516 et note 54. — Paris, 24 décembre 1850, D.1860. 5. 350. — Il avait été jugé par application de la même règle que le droit pour la femme séparée de louer ses immeubles ne peut être paralysé par l'intervention du mari. Qu'en louant une maison, cette femme a le droit d'interdire à son mari d'y établir le domicile conjugal (Caen, 1er avril 1851, D. 1852.2.127), qu'elle peut au besoin l'en faire expulser (Bordeaux, 28 juillet 1881, D. Suppl. au *Rép.*, Contr. de mariage, n° 695, note 1. Guillouard, *op. cit.*, t. III, n° 1179).

(3) Nîmes, 17 novembre 1863, D. Suppl. au *Rép.*, Contr. de mariage, n° 702, note 1.

(4) Duranton, *Cours de droit français*, t. XIV, n° 426. Demolombe, *op. cit.*, t. IV, n° 154. Troplong, *Du contrat de mariage et des droits respectifs des époux*, t. II, n° 1123. Aubry et Rau, *op. cit.*, t. V, § 516 et note 55. Laurent, *op. cit.*, t. XXII, n° 296. Guillouard, t. III, n° 1191.

(5) Duranton, *op. cit.*, t. XIV, n° 426. Rodière et Pont, *op. cit.*, t. III, n° 2190. Aubry et Rau, *op.cit.*, t. V, § 516, note 56. Colmet de Santerre, *Cours analytique de Code civil*, t. VI, n° 101 bis III. Laurent, *op. cit.*, t. XXII, n° 301. — Tribunal de la Seine, 9 juillet 1872, D. 1872.3.96.

(6) Demolombe, *op. cit.*, t. IV, n° 155. Marcadé, *Explication théorique et*

ment de convertir ses titres nominatifs en titres au porteur (1).

6° De s'obliger dans les limites de son droit d'administration (2).

7° De transiger sur les contestations relatives aux aliénations et aux obligations qu'elle pouvait contracter (3).

8° De procéder au partage d'une succession mobilière à laquelle elle était appelée (4).

9° D'opérer l'emploi ou le remploi de ses capitaux, valeurs mobilières ou immobilières (5), tout au moins quand cette

---

pratique du Code civil, sous l'article 1419, n° 3. Troplong, t. II, n° 1417-1419. Duiruc, *Traité de la séparation de biens judiciaire*, n° 331 et s. De Folleville, *Traité du contrat pécuniaire de mariage*, t. I, n° 430. Guillouard, *op. cit.*, t. III, n° 1193. — Nancy, 24 juin 1851, D. 1855.5.407 ; Cass. civ., 1er décembre 1862, D. 1863.1.40 ; Toulouse, 6 juin 1883, D. 1885.2.75 ; Bordeaux, 4 février 1884, D. Suppl. au *Rép.* Contr. de mariage, n° 706, note 2.

(1) Laurent, *op. cit.*, t. XXII, n° 301. De Folleville, *op. cit.*, t. I, n° 431 *bis.* Guillouard, *op. cit.*, t. III, n° 1197. — Paris, 12 juillet 1869, D. 1870.2. 29 et sur pourvoi, Req., 8 février 1870, D. 1870.1.396 ; Paris, 1er mars 1875, D. 1876.2.153 et sur pourvoi, Req., 13 juin 1876, D. 1878.1.481.

(2) Rodière et Pont, *op. cit.*, t. III, n° 2193. Aubry et Rau, *op. cit.*, t. V, § 516 et note 77 et suiv. Colmet de Santerre, *op. cit.*, t. VI, n° 101 *bis* XII; Laurent, *op. cit.*, t. XXII, n° 308 et suiv. — Paris, 27 novembre 1857, D. 1857.2.209 ; Poitiers, 3 février 1858, D. 1859.2.72 ; Douai, 3 août 1860, D. suppl. au *Rép.*, Contr. de mariage, n° 707, note 1.

(3) Duranton, *op. cit.*, t. XVIII, n° 409. Troplong, *Transaction*, n 51 ; Demolombe, *op. cit.*, t. IV, n° 150. Aubry et Rau. *op. cit.*, t. V, § 516 et note 57. Guillouard, *op. cit.*, t. III, n° 1208.

(4) Duranton, *op. cit.*, t. VII, n° 128. Troplong, *op. cit.*, t. II, n° 1421. Aubry et Rau, *op. cit.*, t. V, § 516 et note 58. Guillouard, *op. cit.*, t. III, n° 1198. Laurent, *op. cit.*, t XXII, n° 314. Toullier, *Droit civil français*, t. IV, n° 408.

(5) Demolombe, *op. cit.*, t. IV, n° 154 et 157. Aubry et Rau, *op. cit.*, t. V, § 516 et note 59. Colmet de Santerre, *op. cit.*, t. VI, n° 101 *bis* II. Laurent, *op. cit.*, t. XXII, n° 297.

opération avait le caractère d'un acte de simple administration (1).

Toutefois, l'accord n'était pas complet en doctrine et en jurisprudence sur la solution à donner à ces diverses questions. La formule de l'article 1449 est en effet trop vague et laisse une trop grande place à l'interprétation. La femme séparée de corps voyait ainsi en mainte circonstance ses pouvoirs arbitrairement restreints ou démesurément étendus suivant la conception plus ou moins large qu'avait le juge, du droit de « libre administration ».

Ajoutons qu'en dehors de ces limites, l'épouse séparée de corps restait soumise aux prescriptions des articles 217, 218, 219 du Code civil ; 861 et 862 du Code de procédure civile.

Aux termes de ces articles, la femme doit obtenir le consentement du mari pour l'accomplissement de tout acte judiciaire ou extrajudiciaire. La nécessité de cette autorisation constitue le droit commun (arg. art. 217 et 218, C. civ.) ; et ce n'est qu'après un refus dûment constaté de la part de l'époux que l'épouse peut s'adresser aux tribunaux pour se faire habiliter (arg. art. 219, C. civ. et 861, 862, C. pr. civ.).

§ 2. — Projet présenté au Sénat en 1884.

La proposition soumise au Sénat en 1884 n'était pas destinée à modifier la capacité de la femme séparée de corps telle qu'elle

---

(1) De Folleville, op. cit., t. I, nos 437 et s. et nos 440 bis et suiv. Guillouard, op. cit., t. III, n° 1196 ; Req., 2 décembre 1885, D. 1886.1.204 ; Douai, 15 mai 1882, D. suppl. au Rép., Contr. de mariage, n° 708, note 1. Lyon, 7 février 1883, D. 1885.2.71.

avait été réglée par l'article 1449. Elle n'avait qu'un but : soustraire cette femme à l'obligation de recourir forcément à son
mari toutes les fois qu'elle ne pouvait agir seule ; lui permettre de s'adresser directement à la justice et d'en obtenir les
autorisations nécessaires.

Cette innovation laissait subsister intact le principe de l'autorité maritale, car la requête de la femme au Tribunal devait
être notifiée au mari qui pourrait intervenir s'il le jugeait à
propos (1).

« Nous avons pensé, dit M. Allou, que c'était chose grave
que d'arriver partout à l'affranchissement, à la suppression
des entraves. Il nous a paru impossible de constituer dans la
séparation de corps quelque chose qui se rapprocherait très
intimement du divorce ».

(1) Le texte de ce projet que la commission du Sénat voulait placer sous
l'article 1449 et dont les dispositions s'étendaient à la femme séparée de
biens, était ainsi conçu :

ART. 1449. — « La femme séparée soit de corps et de biens, soit de biens
seulement en reprend la libre administration ».

« Elle peut disposer de son mobilier et l'aliéner ».

« Elle peut à son gré demander à son mari ou demander directement au
tribunal par requête toutes les autorisations nécessaires pour ester en justice, pour les aliénations de ses immeubles ou de ses valeurs mobilières, pour
toutes les acquisitions, emploi ou remploi et généralement pour toutes les
mesures que ses intérêts peuvent exiger ».

« Dans ce cas, la femme devra notifier copie de la requête au mari avec
mise en demeure d'intervenir si bon lui semble »,

« Le mari fera connaître par exploit signifié à la femme au domicile de
l'avoué constitué dans la requête son intention d'intervenir. Alors il sera
donné suite à la procédure d'autorisation conformément aux articles 861 et
suivants du Code de procédure civile.

« Huit jours après la signification de la requête, à défaut de notification
de la part du mari, le tribunal statuera en Chambre du Conseil ».

« D'ailleurs, il ne faut pas oublier que la séparation de corps n'est pas le divorce ; il ne faut pas oublier que la séparation de corps, c'est le lien conjugal suspendu, relâché, mais non pas brisé. Il ne faut pas oublier que quand la séparation de corps a été prononcée, il y a des intérêts considérables que le père de famille a le droit de défendre et qui demandent à être sauvegardés ».

« Il ne faut pas oublier que dans la séparation de corps, le rapprochement est possible, qu'il est dans le désir du législateur, et que dès lors, il ne faut pas aboutir à une perturbation dans les intérêts qui peuvent appartenir à l'avenir.

« Dans ce sentiment, nous avons donc pensé qu'il fallait seulement permettre à la femme de s'adresser directement à la justice au lieu de passer par la nécessité d'un premier appel à son mari ; et là même, nous n'avons pas voulu que le contrôle du mari pût absolument disparaître ; nous avons voulu qu'une notification de la requête de la femme lui fût adressée afin qu'il lui fût permis d'intervenir et de défendre tous ces intérêts respectables dont il est le représentant, dont il a la garde et que je vous signalais tout à l'heure (1) ».

M. Denormandie exprimait le même avis au cours de la séance du 18 juin 1885.

Après avoir déclaré que le projet avait pour but de satisfaire aux justes réclamations des femmes séparées de corps, l'éminent sénateur ajoutait ceci : « Tout en reconnaissant la légitimité de ces réclamations, il y avait lieu cependant de n'y

(1) Alloa, Discours précité au Sénat, *loc. præcit.*

donner satisfaction que dans une mesure restreinte en tenant compte d'autres intérêts respectables. Il ne pouvait pas être question d'affranchir la femme séparée de tout contrôle dans l'administration de ses biens. Sans doute, la femme veuve, la femme divorcée acquièrent à cet égard une grande liberté ; mais il ne faut pas oublier que c'est là une conséquence de la rupture complète du mariage et que dans la séparation, le lien subsiste encore ».

« Dès lors, au cas, bien entendu, où il ne conviendrait pas à la femme de s'adresser à son mari, car cette obligation n'est écartée que dans son intérêt, et l'accord volontaire est toujours dans le droit des parties, on propose de permettre à la femme de solliciter directement l'autorité de justice ; au lieu de l'appel qu'elle peut adresser au Tribunal après le refus de son mari, elle aurait la faculté de le saisir directement en Chambre du Conseil et de formuler sa requête aux fins d'obtenir les autorisations nécessaires pour ester en justice ou pour toutes les mesures que ses intérêts peuvent exiger (1).

Cette partie de la proposition fut l'objet d'une vive discussion qui se déroula devant le Sénat les 13, 17, 18 juin 1885. Le 30 juin, elle fut renvoyée avec le reste du projet à l'examen du Conseil d'Etat.

L'opinion qui proposait de restituer à la femme séparée de corps sa pleine capacité civile, et qui devait prévaloir plus tard s'était déjà fait jour. Elle avait trouvé en la personne de

---

(1) Denormandie, Discours au Sénat, 18 juin 1885; Sénat, *Débats parlementaires*, 1885, p. 713.

MM. Naquet et Léon Renault, des partisans convaincus et
d'éloquents défenseurs (1).

§ 3. — Projet présenté par le Conseil d'État.

Le projet émanant du Conseil d'État, attribuait à la femme
séparée de corps pleine capacité pour accomplir tous les actes
de la vie civile et consacrait son indépendance juridique au
regard du mari (2).

Après avoir signalé dans son rapport les résultats désastreux
qu'avait amenés le régime adopté par le Code civil, M. Flourens faisait ressortir les nombreuses objections qui pouvaient
être adressées au projet porté devant le Sénat : « Ce projet,
disait l'éminent rapporteur, ne fait pas cesser un des abus
signalés par l'exposé des motifs de la proposition. Cet exposé
dénonce une collusion fréquente, paraît-il, entre époux séparés
qui s'entendent, la femme pour acheter, le mari pour vendre
l'autorisation afin de soustraire à l'examen de la justice une
opération mal conçue. Mais il est manifeste que si la femme
médite une opération mal conçue, ce n'est pas directement au
Tribunal qu'elle s'adressera pour obtenir l'autorisation. Elle
restera libre d'acheter du mari comme le mari restera libre de

----

(1) Naquet, Discours précité au Sénat, *loc. præcit.*
(2) Le texte de ce projet qui devait être placé sous l'article 311 du Code
civil et dont les dispositions ne s'étendaient pas à la femme séparée de biens,
était conçu dans les termes suivants : ART. 3 : « L'article 311 du Code
civil est ainsi modifié : La séparation de corps emportera toujours la séparation de biens. Elle aura en outre pour effet de rendre à la femme le
plein exercice de sa capacité civile sans qu'elle ait besoin en aucun cas de
recourir à l'autorisation de son mari ou de justice ».

lui vendre toutes les autorisations nécessaires pour réaliser cette opération ».

« Une autre observation frappe à la lecture du texte. Il accorde le droit de saisir le Tribunal avant toute instance auprès du mari, non seulement à la femme séparée de corps et de biens, mais même à la femme qui n'est séparée que de biens. Comprend-on en cas de séparation de biens conventionnelle, en cas même de séparation de biens judiciaire principale, alors que le mari n'a donné par sa conduite aucun grief sérieux à la femme, qu'il puisse dépendre d'un agent d'affaires de le faire traîner par huissier à la barre du Tribunal sans aucun avis préalable. Quelle grave injure faite au mari !

« Est-ce le rôle du législateur de permettre à des tiers de jeter dans le ménage des ferments de discorde destinés à amener la séparation de corps ou le divorce.

« Même en cas de séparation de corps, il est impossible de ne pas constater que l'adoption de ce système par la procédure qu'il organise, détruirait le peu d'espoir de conciliation qui peut subsister.

« Mais une considération plus générale a décidé le Conseil d'État à l'écarter. Ce système tend à placer la femme séparée sous la tutelle de la justice. Or, cette tutelle est coûteuse, désavantageuse par les lenteurs qu'elle entraîne, peu propre à faciliter le développement ou à prévenir l'amoindrissement de la fortune, et en désaccord avec le principe même sur lequel repose l'incapacité relative de la femme mariée ».

. . . .

« Jusqu'ici, la loi n'a admis la justice à intervenir dans l'exer-

cice des pouvoirs de tutelle que comme un secours suprême
auquel il est fait appel dans les cas exceptionnels et pour vain-
cre des résistances injustifiées. Faire des tribunaux les tuteurs
directs immédiats auxquels les incapables auraient quotidien-
nement à recourir, serait une regrettable déviation des principes » . . . .

. . . .

Le rapport indiquait ensuite en des termes qui méritent
d'être cités, les raisons pour lesquelles le Conseil d'État avait
pensé que la séparation de corps devait rendre à la femme le
plein exercice de sa capacité civile sans qu'elle ait besoin de
recourir en aucun cas à l'autorisation de son mari ou de justice :

« D'après notre droit moderne, était-il dit, la femme jouit
en France de la plénitude des droits civils. Sur ce point, elle
est placée sur un pied d'égalité absolue avec l'homme. Pas
de tutelle perpétuelle, pas de conseil judiciaire, pas d'intervention de fidéicommissaires. Sur quels motifs repose donc
l'obligation pour la femme mariée de se faire autoriser ? Est-
elle présumée incapable de gérer sa fortune ? Évidemment
non. Qu'elle devienne veuve, qu'elle obtienne le divorce, elle
reprendra immédiatement le plein exercice de ses droits. —
Est-ce dans l'intérêt des enfants ? Pas davantage. — L'absence
d'enfant ou leur prédécès n'accroît en rien la capacité civile de
la femme, pas plus que leur survenance ne la restreint. La
raison d'être de l'autorisation maritale réside exclusivement
(et sur ce point, il n'y a pas de contestation), dans la nécessité
d'assurer l'unité de direction dans cette société de deux per-

sonnes qui se forme par le mariage et qui s'appelle l'association conjugale, unité indispensable à la paix et à l'honneur du
ménage, comme à la bonne gestion des intérêts matrimo-
niaux.

« Il y a là une nécessité qui légitime la subordination de la
femme au mari, sa privation momentanée du libre exercice
de ses droits civils. Mais si l'on reconnaît que telle est la raison d'être unique de l'autorisation maritale, il faut convenir
que rien n'explique plus le retrait de sa liberté à une personne
reconnue capable du plein exercice de ses droits dès que cette
unité de direction est devenue manifestement impossible,
que les époux ont renoncé à tout ce qui constitue l'association
de vie et d'intérêts, qu'ils se sont créé des domiciles distincts,
qu'ils ont répudié jusqu'à la communauté du nom.

« Sans doute, objecte-t-on, l'association d'intérêts qu'avait
fait naître le mariage disparaît, mais elle ne disparaît pas sans
espoir de réconciliation. Il faut conserver intact le patrimoine
de la femme en vue de cet espoir. Il faut le garantir encore
pour conserver la créance d'aliments que le mari, s'il se ruine,
peut avoir à exercer contre sa femme. Il faut le conserver, dans
l'intérêt des enfants communs s'il y en a, ou de ceux qui pourraient naître après réconciliation s'il n'y en a pas, car il convient de ne pas perdre de vue que le père de ces enfants a le
droit de dissiper tous ses biens.

« C'est un raisonnement qui conduit à des conséquences
devant lesquelles reculeraient ceux-mêmes qui le produisent.
Il consiste en définitive à dire ceci : nous reconnaissons théo-
riquement que la capacité civile de la femme ne doit être sus-

pendue que pour assurer l'unité de direction dans les affaires du ménage ; pratiquement, nous estimons qu'il est opportun de la maintenir en vue d'intérêts d'un tout autre ordre. En réalité, nous pensons que la femme n'offre pas de garanties sérieuses pour la gestion d'un patrimoine, et qu'il faut autant que possible la placer sous la tutelle du mari ou même encore de la justice » . . . .

. . . .

« La vérité est que l'incapacité civile de la femme n'a et ne peut avoir qu'une seule justification : l'avantage de concentrer entre les mains du mari la direction de la fortune entière de l'association conjugale, soit qu'elle appartienne au mari, soit qu'elle appartienne à la femme, soit qu'elle soit le patrimoine de la communauté ou de la société d'acquêts. Mais, une fois cette unité de direction devenue impossible par le fait de la séparation de corps et de biens, la femme doit reprendre le plein exercice de sa capacité civile, et la perpétuation de son état de tutelle est aussi contraire à la logique qu'à ses intérêts (1) ».

L'avis du Conseil d'État devait avoir, nous le verrons bientôt, une influence décisive sur le caractère de la loi nouvelle.

§ 4. — Projet voté par le Sénat en 1887.

Lorsque le projet fut retourné à la commission du Sénat en 1886, cette dernière, suivant en cela l'opinion du Conseil d'État, renonça à vouloir assimiler dans la réforme projetée, la

(1) Flourens, Rapport précité au Conseil d'État, *loc. præcit.*

situation de la femme séparée de biens à celle de la femme séparée de corps. Cette commission ne crut pas au surplus devoir accepter le système proposé par la section de législation. Elle maintint sa rédaction primitive qu'elle persistait à vouloir rattacher au texte de l'article 1449 du Code civil.

« La commission entend conserver à la séparation de corps son caractère propre, dit M. Allou ; le lien conjugal est relâché, mais n'est point brisé dans la séparation de corps. Celle-ci ne saurait dès lors aboutir comme le divorce à l'émancipation complète de la femme. Sans doute la femme n'est point inférieure à l'homme, et nous ne lui contestons pas l'égalité des droits civils, mais avec la séparation de corps, la dépendance résultant du mariage subsiste toujours, et un rapprochement peut le reconstituer (1) ».

Malgré ces considérations, le projet présenté par la commission ne devait pas aboutir.

Après avoir rejeté un amendement de MM. Paris et Naquet consacrant la solution proposée au Conseil d'État, le Sénat prit en considération un amendement de M. Bardoux conçu dans les termes suivants :

« La séparation de corps prononcée contre le mari aura en outre pour effet de rendre à la femme le plein exercice de sa capacité civile sans qu'elle ait besoin en aucun cas de recourir à l'autorisation de son mari ou de justice (2) ».

L'honorable sénateur proposait ainsi de faire une distinction

---

(1) Allou, Rapport supplémentaire précité au Sénat, *loc. præcit.*
(2) Séance du 20 janvier 1887, Sénat, *Débats parlementaires*, 1887, p. 43.

entre le cas où la séparation de corps aurait été obtenue par la
femme et le cas où cette mesure aurait été prononcée contre
elle. Dans la première hypothèse, l'épouse était appelée à recouvrer sa pleine capacité civile ; dans la seconde, elle devait
rester soumise à l'autorisation du mari ou de justice telle que
l'avait réglée le projet de la commission.

La distinction établie dans l'amendement Bardoux se justi-
fiait par la considération suivante : à savoir que l'époux qui
avait succombé dans le débat, que l'homme qui avait encouru
une telle déchéance morale, ne devait pas conserver l'autorité
conjugale, cette puissance qui relève encore plus de la morale
que de l'intelligence.

Restait à prévoir les cas dans lesquels la séparation de corps
serait prononcée aux torts et griefs réciproques des époux.
L'honorable sénateur estimait qu'en pareille hypothèse, la
femme gagne partiellement son procès et qu'elle devait par
conséquent bénéficier des dispositions de son amendement.

« Est-ce que la justice n'établit pas, disait-il, une différence
entre certaines fautes du mari et les fautes de la femme ? Lorsque les fautes de la femme sont prouvées et que cependant le
Tribunal prononce la séparation de corps à la fois contre elle
et contre le mari, est-ce que la justice, par cela même, n'établit pas que le mari est bien plus coupable encore ? Il faut le
dire en effet, la femme est traitée avec plus de sévérité par la
justice, en vertu de considérations d'ordre moral que je n'ai
ni à expliquer ni à justifier ici, mais qui existent. Est-ce qu'il
ne s'en suit pas lorsque la séparation a été prononcée contre

les deux époux, que la femme doit recouvrer sa capacité civile tout entière (1) ».

L'amendement Bardoux fut adopté dans la séance du 25 janvier 1887 et le texte de loi voté par le Sénat le 28 janvier, consacrait la distinction qu'il avait introduite (2).

(1) Discours Bardoux au Sénat, 25 janvier 1887, Sénat, *Débats parlementaires*, 1887, p. 45.

(2) Ce texte était ainsi conçu :

ART. 3, § 3 : « La séparation de corps emportera toujours la séparation de biens.

ART. 3, § 4 : « Si elle est prononcée contre le mari, elle aura pour effet de rendre à la femme l'exercice de sa capacité civile sans qu'elle ait besoin de recourir à l'autorisation de son mari ou de justice.

ART. 4 : « La femme séparée de corps qui n'a pas recouvré l'exercice de sa capacité civile et la femme séparée de biens seulement reprennent la libre administration de leurs biens meubles et immeubles.

« Elles peuvent disposer de leur mobilier et l'aliéner.

« Elles ne peuvent aliéner leurs immeubles sans l'autorisation du mari ou de justice.

« La femme séparée de corps peut à son gré demander à son mari ou demander directement au Tribunal par requête, les autorisations dont elle aurait besoin pour toutes les mesures que ses intérêts peuvent exiger ».

Au cours de la discussion MM. Bérenger et de Marcère avaient de leur côté, déposé l'amendement suivant au texte de la commission :

« Elle (la séparation de corps) aura en outre pour effet, dans le cas où il n'y aurait pas d'enfant issu du mariage, de rendre à la femme le plein exercice de sa capacité civile sans qu'elle ait besoin en aucun cas de recourir à l'autorisation de son mari ou de justice ».

Cet amendement fut implicitement écarté par le vote de celui de M. Bardoux. Son adoption eût, du reste, entraîné les plus graves difficultés.

Comment admettre que la préoccupation des enfants puisse jouer un rôle dans l'institution de l'autorité maritale ;

Comment subordonner la capacité ou l'incapacité de la femme à l'inexistence ou à l'existence des enfants ? — Ne serait-ce pas confondre des principes absolument distincts ».

Enfin, il peut arriver qu'il y ait des enfants au moment de la séparation, et que ces enfants disparaissent plus tard. Incapable d'abord, la femme deviendrait ainsi capable dans la suite. Comment régler en pratique ce changement d'état dans les rapports de l'épouse séparée de corps avec les tiers ?

Comme toutes les solutions transactionnelles qui veulent concilier des opinions opposées, le projet voté par le Sénat prêtait à la critique.

En supposant la séparation de corps prononcée aux torts de la femme, la mesure qui frappait cette dernière était-elle également juste dans tous les cas ?

Le législateur ne donnait-il pas à tort une sanction unique à des faits qui pouvaient varier à l'infini ?

Si la femme condamnée pour ses désordres et son inconduite se voyait à bon droit privée de la libre disposition de sa fortune, l'épouse de mœurs irréprochables mais de caractère difficile devait-elle subir la même déchéance ?

Etait-il possible de soumettre sans distinction et contre toute raison, les deux catégories de femmes à une même règle, trop absolue, trop compréhensive pour être équitable ?

Si l'on envisage au contraire l'hypothèse d'une séparation obtenue par l'épouse, on voit que dans ce cas, le système admis au Sénat faisait de l'incapacité du mari une conséquence de son indignité — solution peu rationnelle en vérité : — « Y a-t-il, disait M. Allou, un rapport intime, véritablement étroit entre les griefs d'une femme qui obtient un jugement de séparation de corps et la déchéance du mari au point de vue de la direction des intérêts de la femme ? »

« Est-il vrai que le mari grossier, violent, insultant vis-à-vis de sa femme, que le mari même qui s'est rendu coupable de faits d'inconduite de nature à blesser cruellement celle-ci, se trouve par cela seul sous une présomption d'incapacité de gestion des biens de sa femme ? »

« Y a-t-il une relation étroite entre l'indignité du mari dans les cas où la séparation de corps serait prononcée contre lui et son indignité sous cet autre aspect (1) ? »

Mais, c'est lorsque la séparation de corps est prononcée contre les deux époux que le texte adopté par la Haute Assemblée rencontrait les plus vives objections : « En ce cas, déclarait M. Bardoux, la femme doit recouvrer sa capacité civile sans distinction (2) ». Et les motifs que l'honorable sénateur faisait valoir à l'appui de son opinion nous sont déjà connus. Ils peuvent se résumer en deux mots : à égalité de situation, la femme est censée moins coupable que le mari.

Y avait-il là en réalité autre chose qu'une présomption bien incertaine ?

En revanche, ce système conduisait fatalement aux résultats les moins satisfaisants :

Deux femmes sont séparées de corps ; l'une a été condamnée à la requête du mari, l'autre conjointement avec lui et toutes deux pour des causes identiques. Logiquement, leur situation juridique devrait être la même ; il n'en n'est rien cependant avec le projet du Sénat : la première aux torts et griefs de laquelle la séparation a eu lieu reste soumise à la puissance maritale ; la seconde qui a obtenu gain de cause sur sa demande reconventionnelle recouvre sa pleine capacité civile.

Enfin, avec cette distinction entre la femme qui a obtenu et

(1) Allou, Discours au Sénat, séance du 25 janvier 1887, Sénat, *Débats parlementaires*, 1887, p. 41.

(2) Bardoux, Discours précité au Sénat, *loc. præcit.*

4

celle contre qui a été prononcée la séparation de corps, on en arrivait à créer dans la loi six catégories différentes de femmes séparées et réconciliées :

1° La femme séparée de biens seulement.

2° La femme séparée de corps qui n'a pas recouvré l'exercice de sa capacité civile.

3° La femme séparée de corps qui a recouvré l'exercice de sa capacité civile.

4° La femme séparée de corps qui a recouvré l'exercice de sa capacité civile, mais qui s'est réconciliée sans acte notarié.

5° La femme séparée de corps qui avait recouvré l'exercice de sa capacité civile, qui s'est réconciliée et a fait avec son mari l'acte notarié et la publicité voulus par le dernier alinéa de l'article 3 du projet de loi.

6° La femme séparée d'une façon quelconque qui rétablit avec son mari le premier contrat de mariage, conformément à l'article 1451.

N'y a-t-il pas dans tout cela une complication absolument contraire à la pratique des affaires (1).

(1) Voir en ce sens : Rapport précité de M. Arnault à la Chambre des députés, *loc. præcit.*

Les articles 135 et 136 du Code civil italien restituent à la femme sa pleine capacité civile lorsque la séparation de corps est prononcée contre le mari. Dans tous les autres cas, ces textes imposent à l'épouse séparée de corps l'autorisation du Tribunal qui doit statuer, le mari entendu.

Malgré le rapprochement que l'on peut faire entre cette législation et le projet, voté au Sénat, il est à remarquer qu'il existe des différences très nettes entre les deux systèmes.

1° L'article 135 du Code civil italien ne rend pas à la femme sa pleine capacité civile lorsque la séparation a été prononcée contre les deux époux.

2° L'article 136 du Code civil italien ne permet pas à la femme de choisir

§ 5. — Projet voté par la Chambre des députés en 1892.

La Commission nommée par la Chambre des députés avait à se prononcer entre quatre systèmes différents :

1° Celui des auteurs de la proposition repoussé par le Conseil d'Etat en 1886, admis au Sénat en 1887, mais seulement pour le cas où la séparation serait prononcée contre la femme.

2° Celui du Conseil d'Etat repoussé au Sénat en 1887 par 144 voix contre 108.

3° Celui de l'amendement Bardoux définitivement adopté par la Haute Assemblée ;

4° Celui de MM. Bérenger et de Marcère qui n'avait pas été pris en considération.

La majorité de la commission se rallia au projet du Conseil d'Etat.

Les principaux motifs de cette décision exposés dans le rapport de M. Arnault valent d'être reproduits :

« Si les choses étaient entières, dit l'honorable député, si le divorce n'était pas rétabli, plusieurs membres de votre commission auraient raisonné comme ceux de la Commission du Sénat et les premiers promoteurs du projet ; ils auraient dit : la séparation de corps ne dissout pas le mariage, donc elle ne doit pas dissoudre comme le ferait le divorce, l'autorité maritale née du mariage, et il aurait fallu chercher par de communs efforts quelles atténuations elle pouvait recevoir sans être

entre l'autorisation du mari et celle de justice lorsqu'une autorisation lui est nécessaire. C'est au Tribunal qu'elle doit s'adresser dans tous les cas.

anéantie. On critiquait, on devait même critiquer, la substitution de l'autorité judiciaire à celle du mari ; on aurait pu trouver autre chose ; mais ce n'est pas là, ce n'est plus là qu'est
la question ».

« Le divorce est rétabli, et ce rétablissement donne une nouvelle physionomie au problème ; il ne s'agit pas d'améliorer la
séparation de corps en elle-même et vis-à-vis du mariage in-
dissoluble. Il s'agit pour les partisans comme pour les adversaires du divorce de ne pas pousser, de ne pas contraindre au
divorce, de ne plus laisser la séparation dans un tel état d'insuffisance et d'infériorité qu'elle serait en fait bientôt rejetée
de la pratique, excepté pour quelques victimes volontaires de
l'injustice du législateur et de la perpétuité du mariage ».

« C'est sous l'influence de ces idées que le Sénat a déjà fait
un grand pas, un pas décisif. Il a admis que l'autorité maritale
pouvait périr sans le mariage lorsque la femme obtiendrait la
séparation contre le mari. Il a rattaché ainsi l'autorité maritale
non plus à cet ensemble qui s'appelle le mariage, mais à la vie
conjugale, au ménage. Et le ménage rompu par la séparation,
de même que le régime matrimonial du contrat de mariage
disparaît pour faire place à la séparation de biens, de même
l'autorité maritale peut être remplacée par la liberté de la
femme. Voilà le grand pas franchi, voilà l'idée nouvelle ». .

. . . .

« Aujourd'hui la séparation de corps délie la femme du devoir d'obéissance, de l'obligation d'habiter avec le mari et de
le suivre partout où il juge à propos de résider ; elle va avoir
son domicile légal distinct et non plus seulement sa résidence.

Les époux sont mutuellement affranchis du devoir personnel de secours et d'assistance. En un mot, la personne de la femme est absolument affranchie sauf du devoir de fidélité. Pourquoi ses biens ne le seraient-ils pas comme sa personne dans la mesure où le permet le contrat de mariage ? Est-ce que la propriété, les biens ne sont pas comme le prolongement de nous-mêmes, comme notre reflet sur les choses » ?

« Et s'il en est ainsi, si la délivrance de la femme peut être entière, si l'obéissance quant aux biens peut être considérée comme liée à l'obéissance de la personne ; si elle est une conséquence de l'état nouveau et non pas une récompense pour l'un et un châtiment pour l'autre, pourquoi distinguer entre la séparation prononcée au profit de la femme et la séparation prononcée contre elle (1). »

Trois ans plus tard, le rapport de M. Jullien concluait dans le même sens (2).

Ces observations parurent décisives à la Chambre des députés qui se rangea à l'avis de sa commission (3).

---

(1) Arnault, Rapport précité, *loc. præcit.*

(2) Jullien, Rapport précité, *loc. præcit.*

(3) Le texte qui fut alors voté devint plus tard le paragraphe 2 et le paragraphe 3 de la loi nouvelle. Il était ainsi conçu :

« La séparation de corps emporte toujours la séparation de biens ».

« Elle a en outre pour effet de rendre à la femme le plein exercice de sa capacité civile sans qu'elle ait besoin de recourir à l'autorisation de son mari ou de justice ».

§ 6. — Discussion du projet au Sénat en 1893.

Le texte adopté par la Chambre des députés fut transmis au Sénat le 29 juin 1892.

Deux opinions se formèrent au sein de la commission élue par la Haute Assemblée et la majorité se prononça pour un retour pur et simple au système admis par le Sénat en 1887.

M. Demôle fut élu rapporteur avec mission de conclure en ce sens. Aux arguments présentés autrefois par M. Bardoux, l'honorable sénateur en ajoutait de nouveaux extrêmement sérieux : il montrait le péril qu'il y aurait à remettre la fortune des enfants en des mains aussi dangereuses et aussi inexpérimentées que celles de la femme contre qui est intervenue la séparation de corps. Il insistait enfin sur les intérêts du mari à qui l'on doit assurer dans tous les cas le paiement des gains de survie stipulés en sa faveur et la possibilité de faire valoir la créance alimentaire qui subsiste entre époux après la séparation de corps (1).

Lors de la discussion devant le Sénat, M. Falcimaigne vint soutenir au nom du gouvernement le projet adopté par la Chambre des députés. Dans son remarquable discours, le commissaire du gouvernement rappela tout d'abord les raisons précédemment invoquées à l'appui de ce système. « La séparation de corps, dit-il ensuite, fut autrefois considérée à bon droit comme ne brisant pas le lien conjugal ; elle avait seulement pour effet de le relâcher, mais les époux demeuraient

(1) Rapport précité de M. Demôle au Sénat, *loc. præcit.*

tenus l'un vis-à-vis de l'autre de devoirs si nombreux que l'on nourrissait l'espoir de voir un jour cette association de deux personnes momentanément séparées, renaître comme aux premiers jours ».

« Seulement, depuis cette époque, depuis le Code civil, il s'est produit dans les idées sur cette matière comme sur bien d'autres, une évolution dont il faut évidemment tenir compte (1).

D'autre part, ajoutait M. Falcimaigne, avec le système que propose la commission, la femme qui aura obtenu la séparation étant pleinement capable, celle contre qui elle aura été prononcée, ne l'étant pas, l'épouse séparée de corps qui voudra traiter avec des tiers, sera obligée de produire une expédition du jugement de séparation qu'on ne manquera pas d'exiger d'elle. La femme coupable se verra ainsi dans la triste nécessité de faire connaître ses torts à tout le monde, et cela en toute occasion, à tout instant, en présence de ses enfants peut-être. Ne va-t-on pas créer par là une cause perpétuelle de scandales ?

Enfin, le commissaire du Gouvernement répondait de la façon suivante aux dernières objections de M. Demôle : il ne faut pas, dit-on, laisser la fortune des enfants aux mains de la femme contre qui la séparation de corps a été prononcée. « C'est un danger que je ne méconnais pas ; seulement, ce danger, il existe bien plus grand encore dans une autre situation à laquelle on ne porte pas remède ; c'est précisément le

_____

(1) Discours de M. Falcimaigne au Sénat, séance du 16 janvier 1893, Sénat, *Débats parlementaires*, 1893, p. 23 et s.

cas de divorce. La femme divorcée, nous devons raisonnablement la supposer, plus coupable, moins digne de la protection
du législateur que la femme contre laquelle le mari a jugé suffisant de demander la séparation de corps ; et cependant, la
femme divorcée reprend incontestablement son entière liberté,
quelles que soient les fautes qu'elle ait commises, que le divorce ait été prononcé contre elle ou qu'il ait été prononcé à
son profit. . . . .

. . . .

Eh bien, si le danger de rendre à la femme divorcée la libre
administration de sa fortune, quels que fussent les périls de
cette mesure pour les enfants, n'a pas effrayé le législateur
de 1884, je ne crois pas que dans l'hypothèse atténuée de la
séparation de corps, le souci de l'intérêt des enfants doive vous
permettre de faire ce qu'on n'a pas fait à l'égard de la femme
divorcée (1) ».

Quant à l'objection tirée de ce que les droits du mari ne
seraient pas suffisamment respectés, l'orateur faisait très jus-
tement remarquer que l'homme et la femme doivent être trai-
tés par la loi sur le pied de la plus stricte égalité ; or, « sup-
posez, disait-il, la séparation de corps prononcée au profit de
la femme qui aura toujours donné le spectacle et le modèle de
toutes les vertus conjugales, et qui aura été la mère de famille
par excellence, la séparation prononcée au profit de cette
femme contre son mari dissipateur et débauché. Est-ce que
l'éventualité de la créance alimentaire de la femme qui doit

(1) Falcimaigne, discours précité au Sénat, *loc. præcit.*

bien un peu nous préoccuper dans ce cas, est-ce que l'éventualité de ses gains de survie empêchent de rendre à ce mari l'intégrité de sa capacité civile ? — Est-ce que vous prenez à l'encontre du mari indigne les précautions que vous voulez prendre à l'encontre de la femme coupable ? — Assurément non. Eh bien, si la réciprocité n'existe pas, l'idée supérieure de la justice est violée (1) ».

Le paragraphe 3 de l'article 3 tel que le proposait la commission fut rejeté dans la séance du 17 janvier 1893 par 127 voix contre 101. Le texte du projet voté par la Chambre des députés fut adopté.

(1) Falcimaigne, Discours précité au Sénat, *loc. præcit.*

CHAPITRE III

CAPACITÉ DE LA FEMME SÉPARÉE DE CORPS SOUS LE RÉGIME DE LA LOI DU 6 FÉVRIER 1893.

L'article 3, § 2 de la loi nouvelle décide que *la séparation de corps emporte toujours la séparation de biens.*

Il faut en conclure que les conventions matrimoniales stipulées par les époux dans leur contrat de mariage cessent d'exister et que la séparation de biens leur est substituée.

S'il y a eu communauté, la liquidation s'opèrera suivant les règles ordinaires.

S'il existait un autre régime, la femme exercera ses reprises et reprendra la direction de son patrimoine. — Quels seront alors les droits de la femme séparée de corps ? L'article 3, § 3 répond à ce sujet : « *Elle* (la séparation de corps) *a en outre pour effet de rendre à la femme le plein exercice de sa capacité civile sans qu'elle ait besoin de recourir à l'autorisation de son mari ou de justice* ».

Ce texte est d'une clarté, d'une précision telles que son interprétation, ne peut, croyons-nous, donner lieu à aucun doute sérieux. Le législateur de 1893 a voulu soustraire d'une façon complète, absolue, la femme séparée de corps à l'autorité maritale. Il a entendu l'affranchir de toutes les entraves qui pèsent de ce chef sur les femmes mariées. Désormais, l'épouse séparée de corps peut accomplir librement et sans aucune autorisation tous les actes de la vie civile, tant ceux qui se rattachent à sa personne que ceux qui se rattachent à ses biens.

Nous étudierons successivement :

1° Les droits relatifs à la personne ;

2° Les droits relatifs aux biens ;

3° Le pouvoir d'ester en justice ;

4° Les règles relatives à l'annulabilité des actes passés par la femme avant et après la séparation de corps.

§ 1. — Droits relatifs à la personne.

Nous entendons par là cet ensemble de droits qui se rattachent directement à l'individu et qu'il est imposssible d'apprécier en argent.

Sans contredit, l'article 3, § 3 confère à la femme séparée de corps le libre exercice de ces droits. Les auteurs de la loi se sont maintes fois expliqué à cet égard au cours des travaux préparatoires. Nous n'envisagerons donc spécialement que ceux d'entre eux sur lesquels certains doutes pourraient se produire, étant donnés leur caractère et leur nature.

Nous voulons parler : 1° du changement de nationalité ; 2° du louage de services et de l'exercice d'une profession ; 3° du droit d'entretenir une correspondance en dehors de la surveillance du mari ; 4° du droit de faire le commerce (1).

_____

(1) Nous ne dirons.rien ici des devoirs réciproques dont les époux sont personnellement tenus en vertu de l'article 212 du Code civil. La loi du 6 février 1893 n'a introduit aucune innovation à cet égard. Ils subsistent donc avec le caractère qu'on leur reconnaissait autrefois en cas de séparation de

Changement de nationalité.

La femme séparée de corps est maintenant en droit d'acquérir une nationalité étrangère sans l'autorisation maritale. L'opinion contraire était généralement admise sous le régime du Code civil (1). Il ne faut pas, disait-on, que la femme sé-

corps : 1° L'obligation de fidélité est maintenue, mais l'adultère du mari est dépourvu de sanction pénale ; 2° L'obligation de secours et d'assistance n'est pas éteinte, mais elle n'a plus rien de personnel et se traduira par l'allocation d'une somme d'argent ; 3° La tutelle légale de la femme interdite ne sera plus de plein droit déférée au mari.

Nous n'insisterons pas non plus sur les rapports des époux avec leurs enfants. La loi nouvelle n'a pas modifié la législation antérieure sur ce point, les articles 302 et 303 du Code civil relatifs au droit de garde en cas de divorce s'appliqueront donc comme par le passé à la séparation de corps. Mais les articles 386 et 389 d'après lesquels le père contre qui le divorce a été prononcé perd la jouissance et l'administration légale des biens de ses enfants mineurs ne seront pas étendus à la séparation de corps.

Ajoutons enfin que l'on discutera comme par le passé la question de savoir si l'époux coupable perd de plein droit en cas de séparation de corps les avantages qui lui ont été faits par son conjoint, soit dans le contrat de mariage, soit depuis (Voir sur tous ces points les explications données *supra* p. 9, 10, 11 et 12).

(1) La question s'est présentée successivement devant le Tribunal de la Seine (10 mars 1876, S. 1876.2.249), devant la Cour de Paris (17 juillet 1876, S. 1876.2.249) et devant la Cour de cassation (18 mars 1878, S. 1878. 1.193) à propos de l'affaire de Bauffremont : Mlle de Caraman-Chimay, mariée à M. de Bauffremont, obtint sa séparation de corps et alla s'établir dans le grand-duché de Saxe-Altenbourg. Elle s'y fit naturaliser sans l'autorisation de son mari, puis invoquant la loi du pays, elle demanda et obtint le divorce. Elle épousait bientôt après M. le prince Bibesco. M. de Bauffremont fit prononcer la nullité du divorce par les Tribunaux français : « La femme séparée de corps est affranchie du devoir de cohabitation, dit la Cour de Paris (arrêt précité), et si de cette liberté relative on est autorisé à conclure (réserve faite du droit de la justice d'apprécier les motifs et les circonstances) qu'elle a le droit de choisir un domicile là où il lui plaît, même en pays étranger, il n'en résulte pas qu'elle puisse de même, à son gré, sans l'autorisation de son mari, changer de nationalité ». — Voir à cet égard l'article

parée puisse se placer sous l'empire d'une législation nouvelle et poursuivre ainsi l'obtention du divorce dans des conditions différentes de celles qui sont établies par la loi française. On disait aussi que même dans le cas où la femme ne veut pas rechercher dans un changement de nationalité les moyens de rompre les liens du mariage, il ne faut pas lui permettre d'accomplir en dehors de l'autorisation du mari un acte aussi grave que la modification de son statut personnel.

Il ne nous semble pas que la première de ces objections ait jamais été fondée : tout le monde admet que les effets du mariage sont réglés par la loi qui régissait les parties au moment de sa célébration. La rupture de l'union contractée sous l'empire de la loi française est donc soumise aux prescriptions de cette loi malgré le changement de nationalité de la femme.

Quant à soutenir que l'épouse séparée de corps n'a pas le droit d'accomplir librement un acte aussi grave que la modification de son statut personnel, sans doute cette thèse était exacte sous la législation de 1803, mais elle a cessé de l'être aujourd'hui : l'impossibilité dans laquelle se trouvait la femme de changer de nationalité sans l'autorisation maritale était une conséquence de son incapacité ; or la loi du 6 février 1893 en faisant cesser cette incapacité a rendu à l'épouse séparée de corps toute liberté sur ce point (1).

de M. Labbé, *Journal de droit international privé*, t. II, p. 412 et suiv., année 1875, et l'ouvrage de M. Folleville, *De la naturalisation en pays étrangers des femmes séparées de corps.*

(1) En ce sens : Cabouat, *op. cit.*, p. 76 et s. Sarrand, *op. cit.*, p. 122 et s. Surville, *loc. cit.*, p. 223 et s. — Alger, 2 décembre 1893, *Gaz. Trib.*, 30 juin 1894. — Margat, *op. cit.*, p. 107.

Du louage de services et de l'exercice d'une profession.

Malgré les termes généraux de l'article 3, § 3 de la loi nouvelle, peut-être pourrait-on se poser la question de savoir si l'épouse séparée de corps a le droit de louer ses services ou d'embrasser une profession sans le consentement de son mari.

Le louage de services ou l'exercice d'une profession engagent la personne plus complètement que tout autre contrat. La femme peut ainsi se trouver placée dans une situation délicate aux yeux du monde et faire courir certains risques à sa réputation. Tel est par exemple le cas de l'engagement théâtral qui expose l'artiste à tous les inconvénients de la critique. Tel est également le cas où la femme séparée de corps voudra exercer la médecine ou la chirurgie : ses devoirs professionnels, les exigences qu'ils comportent ne seront peut-être pas sans danger pour elle. Nous en dirions autant de la carrière d'avocat si la jurisprudence française se montre un jour plus libérale que la jurisprudence belge et permet à la femme d'aborder la barre (1). Quoique la loi ait proclamé la liberté de l'épouse séparée, le mariage survit à la séparation de corps aujourd'hui comme autrefois ; certains liens moraux subsistent encore entre les conjoints. Dès lors, ne faut-il pas admettre que l'homme a conservé le droit d'intervenir dans les actes qui touchent plus spécialement à la personne de l'épouse ? Ne doit-on pas décider que le mari est resté seul juge du point de savoir si la femme est capable de courir les chances parfois

(1) Cour de cass. de Belgique, 11 novembre 1880, D. 1890.2.8.

périlleuses d'une carrière où son nom et son honneur peuvent être compromis ?

Quelle que soit la valeur de ces observations, nous croyons qu'elles ne sauraient être admises en présence du texte de l'article 3, § 3, qui reconnaît à l'épouse séparée de corps l'exercice de sa pleine capacité civile dans tous les cas et sans distinction. Il convient d'observer au surplus que les intérêts du mari ne se trouvent nullement lésés par cette solution : si la femme compromet le nom de la famille, si elle le déshonore, on pourra lui interdire de le porter par application de l'article 3, § 1 de la loi nouvelle ; le mari conservera en outre le droit de demander le divorce pour injure grave survenue depuis la séparation ; sa réputation, son honneur seront ainsi protégés et sauvegardés dans les limites du possible (1).

Du droit d'entretenir une correspondance en dehors de la surveillance du mari.

Les Tribunaux reconnaissent au mari le droit d'intercepter et de lire la correspondance que la femme adresse à des tiers ou qu'elle reçoit de ceux-ci. Pour en décider de la sorte, ils s'appuient sur le texte de l'article 213 du Code civil aux termes duquel le mari doit protection à sa femme, et la femme obéissance à son mari. L'homme en sa qualité de chef de la société conjugale peut interdire à l'épouse dans son intérêt

(1) Antérieurement à la loi du 6 février 1893, la jurisprudence admettait que le consentement du mari n'est pas indispensable à la femme pour exercer une profession et qu'à défaut de ce consentement, elle peut valablement se faire autoriser par les Tribunaux (En ce qui concerne l'engagement théâtral, voir : Paris, 5 janvier 1868, D. 1868.2.28).

personnel, dans l'intérêt du ménage de voir ou de communiquer par écrit avec telle ou telle personne qu'il juge dangereuse.

Cette opinion qui peut revendiquer pour elle le suffrage de M. Demolombe est universellement admise par la jurisprudence française et par la jurisprudence belge (1).

Le mari conserve-t-il les mêmes prérogatives après la séparation de corps ?

Nous n'hésitons pas à répondre négativement.

La loi du 6 février 1893 a entendu consacrer l'indépendance de la femme séparée ; que serait cette indépendance, si le secret et l'inviolabilité de ses lettres n'étaient pas assurés au regard de tous, même au regard du mari ? Cette femme peut exercer un commerce, une industrie, une profession qui parfois exigera le secret (2). En vérité serait-elle libre de traiter ses affaires et de remplir son devoir professionnel si sa correspondance relevait de l'examen d'un tiers quel qu'il fût ?

D'autre part, l'épouse séparée est maintenant autorisée à avoir un domicile distinct, que deviendrait un tel droit si l'homme pouvait à chaque instant violer ce domicile sous le prétexte d'examiner et de surveiller les lettres de sa femme.

Nous ne voyons pas du reste quelles raisons pourrait bien

---

(1) Demolombe, t. IV, n° 87 *bis*. — Bruxelles, 28 avril 1875, S. 1877.2.161, avec une note de M. Labbé dans le même sens ; Nîmes, 6 janvier 1880, S.1881. 2.51 ; Cass., 9 février 1883, S.1885.1.137 ; 15 juillet 1885, S. 1896.1.102. — En sens contraire : Laurent, *op. cit.*, t. III, p. 162. Voillaume et Darantière, *Des droits du mari sur la correspondance de sa femme*, Cour d'appel de Louisville, *Le Droit* du 25 décembre 1867.

(2) Telle la profession de médecin ou de sage-femme (378, C. pén.).

invoquer un homme pour exercer en cas de séparation de
corps le droit dont nous parlons. Dira-t-il qu'il veut éviter à
sa femme des relations dangereuses pour elle et pour la société conjugale ? Soutiendra-t-il plutôt qu'il entend la soustraire à l'influence de certains parents dont les conseils peuvent troubler la paix du ménage ?

En vain ferait-il valoir de semblables motifs puisque la vie
commune est brisée.

L'intervention du mari n'aurait sa raison d'être que dans
une seule hypothèse : celle où il prétendrait vouloir rechercher
la preuve de l'adultère de sa femme dans les lettres de celle-
ci (1). Le devoir de fidélité survit en effet à la séparation de
corps, et chacun des conjoints est en droit d'exiger que l'autre observe strictement cette obligation.

Quelle que soit la valeur de cet argument, nous ne croyons
pas devoir déroger ici au principe que nous avons admis. Permettre au mari d'intercepter les lettres de sa femme pour y
rechercher les preuves de l'adultère, serait donner à l'époux
séparé de corps un moyen trop facile de satisfaire des ran-
cunes, d'infliger des humiliations, de prodiguer des outrages
et cela, peut-être sans motif sérieux. On objectera que nos
craintes sont exagérées et que si le mari exerce sur la correspondance de sa femme une surveillance injustifiée, il se ren-
dra coupable envers elle d'une injure extrèmement grave (2).

(1) La jurisprudence autorise en principe le mari à rechercher dans la correspondance de sa femme la preuve de l'adultère de celle-ci (arrêts précités
de la Cour de cassation du 9 février 1883 et du 15 juillet 1885).

(2) En ce sens : Labbé, note précitée. Rousseau, *Traité de la correspon-*

Nous reconnaissons l'exactitude de l'observation, mais nous demandons quelle sera ici la sanction de cette injure grave ? La séparation de corps ? Elle est déjà prononcée. Le divorce ? Les convictions religieuses de la femme ne lui permettent peut-être pas de le demander.

Que l'époux séparé de corps renonce donc à vouloir établir ainsi l'adultère de l'épouse. Qu'il cherche d'autres modes de preuve, celui-ci a cessé de lui appartenir, et certes il serait à souhaiter que la séparation de corps n'entraînât pas des conséquences plus graves (1).

Du droit de faire le commerce.

La législation de 1807 avait créé à la femme mariée une situation toute spéciale en ce qui concerne le droit de faire le commerce. L'article 4 du Code de commerce porte que *la femme ne peut être marchande publique sans le consentement de son mari*, et il n'ajoute pas « ou l'autorisation de justice ».

---

dance en droit civil et commercial, n° 142. Breton, *De l'inviolabilité du secret et de la propriété des lettres missives*, p. 171.

(1) Des règles que nous venons d'exposer, il convient de déduire une autre conséquence : La jurisprudence autorise le mari à produire au cours d'une instance en divorce ou en séparation de corps les lettres qu'il aurait arrachées par violence des mains de sa femme (Nîmes, 6 janvier 1880, S.1881.2.51) ou celles qu'il aurait surprises dans l'appartement de cette dernière (*Même arrêt*). Nous ne croyons pas que l'époux séparé de corps puisse maintenant se servir au cours d'une instance en divorce de documents qu'il se serait procurés par de tels moyens : l'indépendance de l'épouse séparée doit lui assurer la propriété de ses lettres au regard du mari tout aussi bien qu'au regard des tiers. L'homme n'aura donc pas ici un droit plus étendu que celui de la femme : l'un et l'autre devront se borner à produire la correspondance qui leur aura été volontairement remise par le destinataire ou qui est arrivée en leur possession par le fait du hasard.

D'autre part, les principes généraux déposés dans le Code civil ne permettent pas de suppléer ici au silence de la loi. Les articles 219, 221, 222 et 224 confèrent aux tribunaux le pouvoir d'autoriser la femme à « passer un acte » ou à « contracter » rien de plus. Or, il n'est pas douteux que ces mots font allusion à des contrats déterminés et non à la série illimitée de contrats qu'entraîne l'exercice d'une profession commerciale. Les principes généraux pas plus que le texte de la loi ne permettent donc pas de substituer ici l'autorisation de justice à l'autorisation maritale (1).

Cette solution, pour être logique, n'en demeure pas moins extrêmement rigoureuse ; aussi certains auteurs ont-ils proposé d'établir une distinction entre le cas où le mari refuse et celui où il est dans l'impossibilité d'autoriser la femme. La justice pourrait dans cette dernière hypothèse accorder à la femme l'autorisation de faire le commerce (2).

Quant à la jurisprudence, des motifs d'utilité pratique l'avaient depuis longtemps poussée à admettre quelques tempéraments à la rigueur de cette règle en ce qui concerne la femme séparée (3).

Nous croyons que le nouvel article 3, § 3 a législativement consacré les solutions admises par cette jurisprudence. L'épouse séparée de corps peut maintenant devenir commerçante

---

(1) Demolombe, *op. cit.*, t. IV, n° 218. Pardessus, *Cours de droit commercial*, t. I, n° 63. Bravard, *Droit commercial*, t. I, p. 93. Massé et Vergé sur Zachariæ, t. III, § 131. Lyon-Caen et Renault, *Droit commercial*, n° 185.

(2) Marcadé, *op. cit.*, t. I, art. 220, n° 1. Duranton, t. II, n° 478.

(3) Caen, 8 juin 1846, *Recueil de la Cour de Caen*, 1846, p. 329) ; Paris, 24 octobre 1844, S. 1844.2.581.

sans avoir besoin d'aucune autorisation (1). Si l'on se reporte
aux travaux préparatoires de la loi nouvelle, on voit que
MM. Allou et Denormandie eux-mêmes étaient disposés à accorder à la femme une liberté complète sur ce point (2). Si tel
était l'avis de ceux qui ne voulaient lui donner qu'une capacité restreinte, à plus forte raison, devait-il en être ainsi du
législateur qui s'est prononcé en faveur de la capacité absolue.

D'autre part, en autorisant l'épouse séparée de corps à aliéner, à s'obliger, à contracter, et cela sans restriction, sans
distinction, le législateur de 1893 a bien implicitement admis
qu'elle pouvait se lier par un contrat commercial tout aussi
bien que par un contrat civil.

Enfin, si l'on objecte que la femme risque de compromettre
le nom de son mari par l'exercice d'une industrie déshonnète
ou par la faillite, nous répondrons avec M. Sarrand (3) que
l'homme s'il redoute une telle éventualité peut y parer en
faisant interdire à la femme de porter son nom, par application de l'article 3, § 1 de la loi nouvelle, et nous ajouterons
qu'il trouvera dans le divorce un remède suffisant pour le cas
où l'épouse viendrait à se déshonorer (4).

_____

(1) Sur le nom commercial, voir *infrà* p. 136 et s. et p. 147.

(2) Discours Denormandie au Sénat, 25 janvier 1887, Sénat, *Débats parlementaires*, 1887, p. 50.

(3) Sarrand, *op. cit.*, p. 118.

(4) DROIT COMPARÉ: Les législations étrangères décident en général que
l'autorisation du mari est nécessaire à la femme pour faire le commerce.
Elles admettent toutefois que cette autorisation peut être tacite et que dans
certains cas les Tribunaux ont le droit de l'accorder.

Allemagne : Lorsque la femme exerce une industrie à la connaissance et

§ 2. — Droits relatifs aux biens.

La règle établie par l'article 3, § 3 peut se résumer en quelques mots : liberté absolue, complète pour la femme séparée de corps, tel est le principe qui domine toute la matière.

Nous étudierons successivement :

sans opposition du mari, ce fait équivaut à autorisation (C. com. allemand, art. 7), Lyon-Caen et Renault, *Traité de droit commercial*, t. I, n° 245, note 3.

Angleterre : La femme séparée de corps est assimilée à une *feme sole*, elle jouit de sa pleine capacité civile et peut en conséquence faire librement du commerce (Lehr, *Eléments de droit civil anglais*, p. 63, n° 111).

Belgique : La loi du 15 décembre 1872, article 9 admet que le Tribunal civil peut autoriser la femme à faire le commerce en cas d'absence ou d'interdiction de son mari. Mais les effets de l'autorisation cessent avec les effets de l'interdiction ou l'absence. L'autorisation de justice est transcrite sur le même registre que les autorisations de faire le commerce accordées aux mineurs (Lyon-Caen et Renault, *op. cit.*, t. I, n° 250, note 1).

Espagne : Les articles 6 et 7 du Code de commerce espagnol admettent que l'autorisation du mari peut être tacite (Lyon-Caen et Renault, *op. cit.*, t. I, n° 245, note 3).

Italie : L'article 13 du Code de commerce italien décide que le consentement du mari est présumé quand l'exercice du commerce par la femme est public et notoire, à moins que le mari n'ait déclaré s'y opposer et n'ait rendu sa déclaration publique dans les formes édictées par la loi (Lyon-Caen et Renault, *op. cit.*, t. I, n° 245, note 3).

Le même article 3 admet qu'aucune autorisation n'est requise pour la femme majeure quand le mari est mineur, interdit, absent, condamné à plus d'un an de prison ou quand la femme est légalement séparée par la faute du mari (art. 136, C. civ. italien).

Le même Code reconnaît qu'en cas de refus du mari, la justice peut autoriser la femme (Lyon-Caen et Renault, *op. cit.*, t. I, n° 250, note 1).

Suisse : Canton de Bâle ville : La femme mariée peut être autorisée par l'autorité tutélaire à exercer un commerce même contre le gré de son mari avec le consentement du tuteur et des plus proches parents de la femme (Loi du 16 octobre 1876, Lanly, *Les législations civiles des cantons suisses*, p. 51).

1° Le pouvoir d'administrer.

2° Le pouvoir d'aliéner.

3° Le pouvoir de s'obliger.

Pouvoir d'administrer.

Nous avons vu déjà quelle avait été sous l'empire du Code civil la situation de la femme séparée de corps au point de vue du droit d'administration. La loi du 6 février 1893 n'a pas modifié à cet égard la législation antérieure. Elle confère à la femme le plein exercice de sa capacité civile ; elle lui donne le droit d'aliéner, de s'obliger, d'ester en justice ; c'est lui reconnaître implicitement le pouvoir d'administrer de la façon la plus large, la plus complète.

Quant à préciser les actes que l'épouse séparée de corps peut accomplir en vertu de ce droit de libre administration, nous nous sommes expliqué sur la question (*suprà*, p. 34 et s.), nous n'y reviendrons pas (1).

---

(1) Droit comparé : *Allemagne* : Le projet de Code civil allemand semble devoir consacrer l'indépendance absolue de la femme séparée. Aux termes de l'article 1277 de ce projet : « La femme mariée a besoin de l'autorisation de son mari pour les actes juridiques dans lesquels elle s'oblige à une prestation qu'elle doit faire en personne. A défaut de cette autorisation, l'acte juridique est annulable »..... « Tant que la communauté d'habitation cesse entre les époux, le droit d'annulation ne peut être exercé » (De la Grasserie, *Projet de Code civil allemand*, p. 273 et 274).

Angleterre : Avant d'exposer les règles spéciales à la capacité de la femme séparée de corps, nous croyons qu'il est indispensable de dire quelques mots sur la situation juridique de la femme mariée en général. D'après l'ancien droit anglais, par le seul fait du mariage, et sans qu'il fût permis d'y déroger, le mari absorbait tout, personnalité et biens de sa femme à ce point que celle-ci ne pourrait ni posséder, ni acquérir, ni contracter, ni ester en justice, ni faire de testament même avec l'autorisation de son mari ; celui-ci

Pouvoir d'aliéner.

Sous l'empire de l'article 1449, on admettait d'une façon devenait propriétaire de ses biens meubles sans avoir à en rendre compte ; il administrait ses biens immeubles et en jouissait, mais il ne pouvait les aliéner.

Les *acts* du 9 août 1870 et du 30 juillet 1871 (St. 33 et 34, Vict., C. 93, 37 et 38. Vict., C. 50) apportèrent une première modification à cet état de choses : ils assuraient à la femme la propriété des gains qu'elle réaliserait pendant le mariage, des libéralités qu'elle recevrait jusqu'à concurrence de 5000 francs. Ils lui donnaient en même temps les moyens de se faire payer (art. 1 et 11, act du 9 août 1870). Mais ils lui imposaient aussi l'obligation de subvenir aux besoins du ménage (art. 13 et 14 même act).

Toutefois, les acts de 1870 et de 1874 laissaient subsister le principe de l'incapacité de la femme. L'act du 18 août 1882 (45 et 46, Vict., C. 75) a renversé ce principe et a décrété l'émancipation de la femme : tout ce qui appartient à l'épouse, meubles ou immeubles, qu'elle l'ait au moment du mariage ou qu'elle l'acquière depuis, à quelque titre que ce soit, constitue sa *propriété séparée* qu'elle détient avec le droit d'en disposer « comme si elle n'était pas mariée » (act du 18 août 1882, art. 1er). La femme est également capable de s'obliger par contrat jusqu'à concurrence de ses biens séparés, d'ester en justice et d'être poursuivie sans l'autorisation de son mari et sans qu'il soit nécessaire de lui adjoindre celui-ci comme défendeur (act du 18 août 1882, art. 1er, § 2).

La femme mariée depuis le 1er janvier 1883 se trouve de droit soumise à ce régime ; celle dont le mariage est antérieur à cette date en bénéficie pour tous les biens acquis par elle depuis le 1er janvier 1883 (act. du 18 août 1882, art. 2 et 5).

L'épouse dont la capacité est régie par l'act du 18 août 1882 ne verra pas sa situation juridique sensiblement modifiée par la séparation de corps puisque durant la vie commune elle jouissait de sa complète indépendance (Lehr, *op. cit.*, p. 70 et s., nos 121 et s.).

Il convient d'ajouter que dès avant cette loi, la séparation de corps conduisait à une modification complète dans la capacité civile de la femme. Elle entraînait la séparation de biens. Or la femme séparée judiciairement est réputée *feme sole* quant à sa fortune : le mari ne peut s'immiscer dans l'administration et la disposition de ses biens : elle en est maîtresse absolue et jouit à cet égard ainsi qu'en matière de contrats d'une pleine liberté (act du 28 août 1857, St. 20 et 21, Vict., C. 85, § 25 et 26) (Lehr, *op. cit.*, p. 69, no 114 et p. 72, no 126).

Autriche : En cas de séparation de corps permanente ; si elle a eu lieu

générale que la femme séparée ne pouvait pas aliéner son mobilier à titre gratuit. Les auteurs, sauf quelques dissenti-

d'un commun accord, il appartient aux époux d'en régler eux-mêmes les conséquences.

Si elle a eu lieu en suite d'un jugement, la fortune des époux se liquide comme en cas de décés.

La femme innocente peut demander soit le maintien ou l'abrogation des conventions matrimoniales, soit un entretien convenable (C. civ. autrichien, art. 105, 1263, 1264).

Si aucune des parties n'est coupable, ou si elles le sont toutes deux, chacune peut demander le maintien ou l'abrogation des conventions matrimoniales (C. civ. autrichien, art. 1264) (Lehr, *Eléments de droit civil germanique*, t. II, p. 347 et 348, n° 1240).

Espagne : Art. 73 C. civ. Lorsque la séparation intervient par la faute de la femme, le mari conserve l'administration de la fortune de cette dernière qui n'a droit qu'à des aliments.

Il conserve également l'administration des biens du ménage ; la femme ne peut plus prétendre aux acquéts ultérieurs, enfin les droits et obligations du mari sont réglés par les dispositions des articles 1357-1380 relatives à la dot (C. civ. espagnol, art. 1435).

Art. 73 C. civ. espagnol. Lorsque la séparation de corps intervient par la faute du mari, elle entraîne pour ce dernier la perte de l'administration des biens de sa femme, et la séparation de biens si l'épouse exige ces mesures.

En cas de séparation de corps prononcée contre le mari, la femme prend l'administration de sa dot et des autres biens qui y seront ajoutés par suite de la liquidation, mais elle est alors tenue des obligations inscrites à l'article 1434, relatives à l'entretien du mari et des enfants (1436 C. civ. espagnol) (Lehr, *Eléments de droit civil espagnol*, t. I, p. 90, n° 116 et t. II, p. 93 et s., n° 110 et s.).

Italie : Art. 1418 C. civ. italien. La séparation de la dot peut être demandée par la femme qui a obtenu une sentence de séparation de corps contre le mari (Huc, *le Code civil italien*, p. 301).

Art. 1441 C. civ. italien. La communauté est dissoute par la séparation de corps définitive (Huc, *op. cit.*, p. 305).

Art. 1424 C. civ. italien. La femme séparée de biens en a la libre administration (Huc, *op. cit.*, p. 302).

Saxe : Aux termes des articles 1645 et 1756 du Code saxon, la séparation de corps laisse subsister tous les effets du mariage, sauf l'obligation de la vie commune. La femme séparée peut, sans le consentement de son mari, passer toutes sortes de contrats, mais seulement dans la limite de ses besoins,

ments, et la jurisprudence tout entière étaient d'accord sur
ce point (1).

La question de savoir dans quelle mesure elle avait le droit
d'en disposer à titre onéreux était au contraire vivement discutée. La plupart des auteurs soutenaient qu'il était permis à
la femme d'aliéner à titre onéreux ses droits mobiliers, corporels et incorporels de quelque façon et dans quelque limite que
ce soit. Pour en décider ainsi, ils invoquaient le texte même
de l'article 1449, l'intention présumée du législateur pour qui

au delà de ces limites, le mari ne serait pas obligé vis-à-vis des tiers (Glasson, *Le mariage et le divorce dans les principaux pays de l'Europe*, p. 143).

Suède : Pendant la séparation prononcée contre le mari, la fortune reste
entre les mains de la femme à moins que celle-ci ne soit incapable de l'administrer. Dans ce dernier cas, le juge lui nomme un conseil et fixe le montant de la pension qui est due au mari s'il se trouve dans le besoin. Toutes
les fois que la communauté ne consiste que dans les revenus des proprié-
tés du mari, la femme et les enfants en obtiennent deux tiers et le mari un tiers.

La séparation est-elle prononcée contre la femme ? Celle-ci n'a droit qu'à
une pension et encore à la condition qu'elle ne puisse pas subvenir à ses dépenses par son travail.

Lorsque les torts sont réciproques, l'administration des biens est confiée à
celui des époux qui paraît le plus capable, et l'autre n'a droit en cas de besoin qu'à une pension alimentaire. Dans le doute, on préfère le mari (Glasson, *op. cit.*, p. 219).

Suisse : Canton de Fribourg, C.civ., art. 64. La femme séparée de corps
a sa pleine capacité (Lardy, *Les législations civiles des cantons suisses*, p. 86).

Lucerne : Loi du 25 novembre 1880. Art. 19. La puissance maritale et
l'usufruit du mari sur la fortune de la femme cessent en cas de séparation
de corps aussi longtemps qu'elle durera.

Art. 22. — Avec la cessation de la puissance maritale, la femme devient
majeure et prend l'administration et l'usufruit de toute sa fortune ; elle doit
suffire aux charges du ménage avec les revenus de sa fortune et la pension
que le mari devra le cas échéant lui servir pendant la durée du mariage.
(*Annuaire de législation étrangère*, 1880, p. 486 et s.).

(1) Duranton, *op. cit.*, t. VIII, n° 208 et t. XV, n° 314. Grenier, *Traité
des donations, des testaments et de toutes autres dispositions gratuites*,
t. I, n° 102 et s. Odier, *Traité du contrat de mariage*, n° 403.

l'aliénation des meubles rentrait dans les attributs d'une large administration, et enfin l'intérêt des tiers qui lorsqu'ils traitent avec une femme séparée, doivent savoir d'une manière précise si elle est ou non capable d'aliéner (1). Certains commentateurs, et avec eux, la jurisprudence tout entière se refusaient à admettre cette solution : « L'article 1449, § 2, porte, il est vrai, disait-on, que la femme séparée peut disposer de son mobilier et l'aliéner, mais cette disposition doit d'abord être rapprochée de celle qui la précède et qui ne confère à la femme que le droit d'administration. Elle doit surtout être conciliée avec la règle générale de l'article 217 d'après laquelle, la femme non commune et même séparée de biens *ne peut donner, aliéner, hypothéquer, acquérir à titre gratuit ou onéreux sans le concours du mari dans l'acte ou son consentement par écrit.* L'article 1449 ne déroge à cette règle que pour ce qui concerne l'administration. Or aujourd'hui que la fortune mobilière a pris tant de développement, il y a une infinité d'aliénations mobilières qui excèdent très évidemment les limites du droit d'administration. On objecte que les tiers qui traitent avec la femme ne peuvent savoir si les actes qu'elle fait constituent oui ou non, eu égard à leur importance et à la fortune de la femme un simple acte d'administration. Tout ce qu'on peut conclure de là, c'est qu'en cas de doute sur le caractère de l'acte, le doute doit profiter aux tiers de bonne foi et que l'acte doit être maintenu (2) ».

(1) Rodière et Pont, *op. cit.*, t. III, n° 2190. Aubry et Rau, *op. cit.*, t. V, § 516, note 56. Colmet de Santerre, *op. cit.*, t. VI, n° 101 *bis* III. Laurent, *op. cit.*, t. XXII, n° 301. — Tribunal de la Seine, 9 juillet 1872, D. 1872, 3, 96.

(2) Dalloz, suppl. au *Rép.*, Contrat de mariage; n° 705 et *Rép.*, *Ibid.*,

A cet état de choses mal défini, la loi nouvelle est venue
substituer une situation très nette. Sa formule générale permet incontestablement à la femme séparée de corps d'aliéner
à son gré en tout ou en partie ses valeurs mobilières corporel-
les ou incorporelles et de les aliéner tant à titre gratuit qu'à
titre onéreux à prix fixe ou moyennant une rente viagère (1).

Ce texte fait ainsi cesser la célèbre controverse que nous
avons signalée plus haut, et l'on ne saurait trop féliciter le législateur de 1893 de cet heureux résultat. L'interprétation de
l'article 1449 telle que la donnait la jurisprudence entraînait
en effet les conséquences les plus défavorables aux intérêts de

n° 1972 ; Demolombe, *op. cit.*, t. IV, n° 155. Guillouard, *op. cit.*, t. III,
n° 1193. — Nancy, 21 juin 1854, D. 1855, 5, 407. Il a été jugé notamment que
la femme séparée ne peut se prévaloir de son droit d'administration pour se
livrer à des jeux de bourse qui constitueraient des actes de dissipation, que
les sommes ainsi versées par elle sans autorisation du mari sont sujettes à
répétition (Cass. civ., 30 décembre 1862, D. 1863, 1, 40), surtout lorsqu'il s'a-
git d'opérations à terme (Bordeaux, 4 février 1884, D. suppl. au *Rép.*, Contr.
de mariage, n° 706, note 2).

Toutefois, il avait été décidé que la femme séparée peut sans autorisation
acheter des valeurs au comptant avec ses capitaux actuels dans les limites
de ses ressources présentes et sans contracter d'engagement pour l'avenir,
qu'elle n'est pas recevable à demander la nullité de telles opérations à l'encontre d'un tiers de bonne foi (Toulouse, 6 juin 1883, D. 1885, 2, 75 et arrêt
précité de la Cour de Bordeaux du 4 février 1884).

(1) Une première opinion reconnaissait déjà à la femme séparée le droit
de placer ses capitaux à rente viagère par ce motif que c'était là une sorte
de placement n'excédant pas les droits d'un administrateur (En ce sens :
D. *Rép.*, Contr. de mariage, n° 1983. — Tribunal de la Seine, 3 février 1869,
D. 1871.3.100 ; Laurent, *op. cit.*, t. XXII, n° 298 ; Aubry et Rau, *op. cit.*,
t. V, § 516, note 50). Cette solution a été critiquée, à bon droit, croyons-
nous : la femme engage ici ses capitaux d'une façon définitive ; elle court
des risques qui, peut-être lui seront défavorables et qui toujours ruineront
sa famille (Demolombe, *op. cit.*, t. IV, n° 158 ; Dutruc, *op. cit.*, n° 315 ;
Guillouard, *op. cit.*, n° 306).

la femme et aux intérêts des tiers qui traitaient avec elle de l'aliénation de ses meubles, à titre onéreux. Les tiers pour avoir la certitude que ces aliénations ne seraient pas annulées, devaient s'assurer que la femme agissait dans les limites de son droit d'administration et n'allait pas au delà. Cette certitude, de quelle façon l'acquérir ? Par quels moyens, par quelles investigations connaître la situation exacte de leur cocontractante ? Comment distinguer l'aliénation qui n'était qu'un acte de bonne gestion de l'aliénation qui pouvait constituer une prodigalité ? Et quand les tiers avaient recueilli toutes les informations utiles, quand ils s'étaient entourés de toutes les précautions, les Tribunaux ne pouvaient-ils pas encore annuler plus ou moins arbitrairement les actes d'aliénation que l'on avait pu croire autorisés par la loi ! On s'exposait ainsi à frapper non seulement des gens qui avaient traité frauduleusement et de complicité avec la femme, mais encore, des tiers de bonne foi qui se trouvaient lésés de la façon la plus inattendue.

Cette protection excessive était tout aussi préjudiciable à la femme, car instruites par l'expérience, les personnes qui auraient pu contracter avec elle hésitaient à le faire ou s'y refusaient complètement jusqu'à ce qu'elle fût valablement autorisée, ce qui entraînait toujours des retards, des difficultés et des dépenses.

Quant aux aliénations d'immeubles à titre gratuit ou à titre onéreux, le texte même de l'article 1449 les interdisait expressément à la femme séparée. Pour violer cette prohibition, elle pouvait, il est vrai, en passant un acte semblable, y inscrire une date antérieure au mariage (arg. art. 1410), mais ce

moyen ne devait pas avoir un grand intérêt pratique, car,
d'une part, il ne permettait d'engager que la nue-propriété des
immeubles (arg. art. 1410, § 2), et d'autre part, il y avait là
une fraude à la loi, fraude dont le mari ou la femme pouvait
démontrer l'existence par tous les moyens possibles ce qui ne
laissait aucune certitude à l'autre partie.

L'article 3, § 3 nouveau a totalement modifié cette situation
en donnant à la femme séparée de corps le plein exercice de
sa capacité civile. Il l'autorise par cela même à aliéner ses
immeubles tout aussi bien que ses valeurs mobilières, et de
quelque façon que ce soit : en les donnant, en les vendant
pour une somme déterminée dont elle fera tel emploi qu'elle
voudra, en les cédant à charge de rente viagère (1). Elle peut
également et pour la même raison, les grever de droits réels
tels qu'usufruit, services fonciers, antichrèse et hypothèque (2), pouvoir que tout le monde s'accordait à lui refuser

(1) Le mari ou les Tribunaux en autorisant la femme séparée à aliéner un
immeuble pourraient sous l'empire de l'article 1449 subordonner cette autorisation à certaines conditions et notamment à la condition de faire un emploi
déterminé des sommes à en provenir. En pareil cas, le mari était recevable à
demander la nullité d'un paiement fait entre les mains de la femme lorsque les
fonds n'avaient pas reçu l'emploi déterminé, et les tiers étaient responsables
de ce défaut d'emploi sauf leur recours en garantie contre la femme (Paris,
1er mars 1877, D. 1878.2.130 et sur pourvoi, Req., 1er avril 1878, D. 1879.1.
120). Une semblable situation ne pourrait plus se présenter aujourd'hui : la
femme séparée de corps n'étant soumise à aucune autorisation pour l'aliénation de ses immeubles, l'obligation d'emploi ne saurait lui être imposée.

(2) Dans une étude qu'il a publiée, M. Cabouat tout en reconnaissant à la
femme séparée de corps le droit d'hypothéquer ses immeubles, ajoute que
« l'on peut prévoir quelques objections contre cette dernière conséquence ».
Ces objections, sur quoi se fonderaient-elles en vérité ? Si l'article 3 § 3
prenant le contre-pied de l'article 1449 n'avait conféré à la femme que le

sous l'empire du Code civil (1) ; elle peut également renoncer
à ces mêmes droits, céder notamment l'antériorité d'un droit
hypothécaire (2) et donner mainlevée de ses inscriptions hypothécaires sans recevoir le paiement des créances qu'elles ga-
rantissent ce qui ne lui était pas permis jusqu'ici (3).

Aux termes de l'article 1450 du Code civil lorsque la vente
d'un immeuble appartenant à la femme séparée est autorisée par
le mari, celui-ci est toujours responsable du défaut d'emploi
ou de remploi du prix ; il en répond également lorsque la
vente, ayant eu lieu par autorisation de justice, il a concouru à

droit d'aliéner ses immeubles, nous comprendrions que des doutes très sérieux pourraient surgir car la faculté d'aliéner des immeubles n'implique
pas fatalement la faculté de les hypothéquer : mais le texte nouveau est
beaucoup plus large, beaucoup plus compréhensif : il permet à la femme de
contracter librement et ainsi que l'explique le savant professeur lui-même
« dès qu'il est admis que la femme peut contracter librement et engager
ainsi l'ensemble de ses biens personnels à venir mobiliers et immobiliers,
logiquement, elle doit pouvoir, tant la faculté de s'obliger et celle d'hypothéquer sont en corrélation étroite, recourir à l'hypothèque pour garantir l'o-
bligation qu'elle contracte » (Cabouat, *op. cit.*, p. 50).

(1) En ce qui concerne l'antichrèse, l'accord n'était pas complet : considé-
rant que ce droit n'opérait pas démembrement de la propriété et ne repo-
sait que sur les fruits, la Cour de Rouen avait décidé que la femme séparée
peut sans autorisation grever ses immeubles d'une antichrèse (Rouen, 9 août
1876, D. Suppl. au *Rép.*, Contr. de mariage, n° 715, note 2). — Par arrêt
du 22 novembre 1841 (D. *Rép.*, Nantissement, n° 238), la Chambre des re-
quêtes s'était prononcée en sens contraire, et avec raison, nous semble-t-il
aux termes des articles 2085 et 2086, le créancier antichrésiste acquiert le droit
de percevoir les fruits de l'immeuble et de le posséder jusqu'à l'entier paiement de sa créance ce qui constitue deux des attributs les plus importants
de la propriété (En ce sens : Guillouard, *op. cit.*, t. III, n° 1203. D. Suppl.
au *Rép.*, Contr. de mariage, n° 715).

(2) Alger, 22 janvier 1886, D. Suppl. au *Rép.*, Contr. de mariage, n° 715.
— Laurent, *op. cit.*, t. XXII, n° 206. Guillouard, *op. cit.*, t. III, n° 1191.

(3) Demolombe, *op. cit.*, t. IV, n° 154. Aubry et Rau, *op. cit.*, t. V, § 516
et note 55.

l'aliénation ou a profité des deniers qui en proviennent. La loi du 6 février 1893 a implicitement modifié les dispositions de cet article en ce qui concerne les ventes d'immeubles consenties par la femme séparée de corps : cette femme pouvant aliéner ses biens en toute liberté, et le mari n'ayant pas le droit de s'immiscer dans l'administration de sa fortune, ce dernier n'est plus tenu des mêmes obligations que par le passé. Sa responsabilité ne pourrait être engagée que dans un seul cas, celui où il serait établi que le prix de la vente a tourné à son profit. Il n'y aurait là du reste qu'une application pure et simple des règles du droit commun.

Quant à l'hypothèque légale de la femme sur les biens du mari, il convient de se demander si elle a conservé le caractère et les effets qu'elle avait autrefois en cas de séparation de corps.

Tout le monde admettait sous l'empire du Code civil que cette hypothèque subsistait au profit de la femme séparée (1) pour la garantie des créances qu'elle avait à exercer contre son mari par suite de la liquidation qui suit la séparation. Cette hypothèque demeurait au surplus dispensée d'inscription jusqu'à l'expiration de l'année qui suit la dissolution du mariage (arg. art. 8 de la loi du 23 mars 1855). On décidait également que la femme séparée qui avait été payée du montant de ses reprises n'en conservait pas moins le bénéfice de son hypothèque légale pour la sûreté de ses droits éventuels et on lui reconnaissait généralement dans ce cas comme dans le

---

(1) Aubry et Rau, *op. cit.*, t. III, § 261 *ter*, note 5.

précédent le droit de prendre inscription avant la naissance d'une nouvelle créance (1). Cette dernière solution qui a été vivement critiquée, nous paraît empreinte de la plus stricte équité : lorsque après la liquidation, la femme séparée ne conservait aucune créance à l'encontre de son mari, l'inscription de son hypothèque légale ne présentait pour elle aucun intérêt immédiat mais elle constituait une sauvegarde pour l'avenir. Il ne faut pas oublier en effet que l'autorité maritale survivait à la séparation de corps ; l'homme pouvait user de son influence sur la femme et l'amener ainsi soit à lui abandonner l'administration de ses biens, soit à souscrire des engagements en sa faveur, soit à vendre des immeubles dont il retirerait le prix. Il fallait prévoir de tels dangers et les éviter ; or l'hypothèque légale ne devenait une arme efficace qu'autant que la femme avait le droit de requérir une inscription immédiate pour se prémunir contre les déchéances dont la menacent certaines prescriptions légales (art. 2193 C. civ. et 8 de la loi du 23 mars 1855).

Enfin si les époux séparés de corps reprenaient la vie commune, les créances de la femme, postérieures à la réconciliation étaient garanties par l'hypothèque légale et cette hypothèque prenait rang à dater du jour de la célébration du mariage conformément à l'article 2135 du Code civil.

La loi du 6 février 1893 a-t-elle modifié la situation que nous venons d'exposer ?

(1) Amiens, 27 novembre 1877, et sur pourvoi Cass., 20 mai 1878, D. Suppl. au *Rép.*, Privilèges et hypothèques, n° 450, note 1. — En sens contraire : Bordeaux, 22 juillet 1869, D. 1871.2.891.

Un premier point n'est pas douteux : lorsque la femme est demeurée créancière de son mari au moment de la séparation, elle conserve son hypothèque légale pour garantir le paiement de sa créance et cette hypothèque reste, comme par le passé, dispensée d'inscription jusqu'à l'expiration de l'année qui suit la dissolution du mariage.

Le même droit appartient-il à l'épouse séparée de corps, lorsqu'au moment de la liquidation, ses reprises ont été intégralement payées et qu'aucune obligation ne subsiste à la charge du mari ?

Il faut bien reconnaître que le doute est possible. La femme recouvre sa pleine capacité après la séparation ; la garantie de son hypothèque ne lui est plus nécessaire, à l'avenir, pour la protéger contre les actes de mauvaise administration de son mari puisque ce dernier n'a pas le droit de s'immiscer dans la gestion de ses biens ; autant de raisons qui porteraient à croire que le principe déposé dans l'article 3, § 3 a eu pour conséquence d'anéantir l'hypothèque légale de la femme en cas de séparation de corps. Nous ne pouvons cependant admettre une telle solution. Il ne faut pas oublier en effet que la séparation de corps est un état provisoire et que le mariage n'est pas dissous. Les époux conserveront toujours la faculté de se réunir et dans ce cas le mari reprendra tous ses pouvoirs. Nous demandons quelle serait alors la situation de la femme, quelle serait aussi la situation des enfants à qui le bénéfice de l'hypothèque légale doit incontestablement profiter si cette hypothèque avait été abolie par la séparation de corps antérieurement prononcée. Nous pensons donc que l'épouse

séparée conserve son hypothèque alors même qu'elle n'a
aucune créance née et actuelle contre son mari. Nous pensons
également qu'en pareil cas, la femme demeure toujours libre
de prendre inscription si elle le juge à propos, car, toute hypothèque par cela seul qu'elle existe, peut être inscrite à
moins que la loi n'en ait disposé autrement.

Il est regrettable que le législateur de 1893 n'ait pas songé
à modifier cet état de choses. Que la femme séparée de corps
ait conservé son hypothèque légale avec le droit de prendre
inscription pour la sûreté de ses créances éventuelles, cela se
concevait à merveille sous l'empire du Code civil puisque la
séparation laissait alors subsister l'autorité maritale ! mais la
situation n'est plus la même aujourd'hui : l'épouse séparée de
corps a recouvré sa pleine indépendance, si elle devient créancière de son mari, c'est évidemment parce qu'elle y aura librement et volontairement consenti ; dès lors, il n'était pas besoin
de lui réserver une garantie légale ; les sûretés conventionnelles
qu'elle pouvait exiger comme toute autre personne lui suffisaient.

A quelle solution convenait-il de s'arrêter ? La femme, nous
l'avons vu, devait légitimement conserver le bénéfice de son
hypothèque en tant qu'elle lui assure l'exécution ultérieure des
droits lui appartenant au moment de la séparation ; il fallait
maintenir l'hypothèque légale dans cette limite en la soumet-
tant au double principe de la publicité et de la spécialité, et la
déclarer abolie pour le surplus pendant toute la durée de la
séparation de corps.

Quant aux créances nées depuis la reprise de la vie commune si les époux se réconcilient, elles seront garanties par une hypothèque légale prenant rang du jour de la célébration du mariage conformément aux dispositions de l'article 2135 du Code civil auxquelles la loi nouvelle n'a pas dérogé. A notre avis, ce système n'est pas exempt de critique ; il nous paraît préjudicier aux intérêts des tiers et ruiner le crédit du mari.

La liquidation des conventions matrimoniales est consommée par le paiement intégral des reprises de la femme ; aucune obligation antérieure ne subsiste à la charge du mari et la sépa- ration de corps prononcée le met dans l'impossibilité d'en con- tracter de nouvelles pour une période indéterminée. Les tiers abusés par cette situation croiront peut-être pouvoir acquérir en toute sécurité des droits réels sur ses immeubles ; il n'en n'est rien, les époux se réconcilient, le mari dissipe la dot, il devient insolvable et les personnes qui auront contracté avec lui se verront évincées par la femme dont la créance est peut- être de beaucoup postérieure à l'acquisition de leurs droits.

Admettons que les tiers instruits par l'expérience ne s'expo- sent pas à de tels dangers, le mari ne se trouvera-t-il pas alors dans une situation extrêmement défavorable ? et n'est-il pas à craindre que dans l'ignorance des événements futurs, nul ne veuille traiter avec lui sous l'offre des garanties incer- taines qu'il aurait à donner ? Dira-t-on que la femme peut re- médier à cet état de choses en cédant le bénéfice de son hypo- thèque ou en y renonçant ? (art. 9 de la loi du 23 mars 1855 et unique de la loi du 13 février 1889).

Mais tout d'abord, il est des cas où la loi ne lui donne pas cette latitude (1), et d'autre part, on peut supposer que l'épouse séparée de corps, dans la situation d'indépendance où elle se trouve vis-à-vis de son mari, ne consentira pas à cet abandon alors même qu'il lui serait possible de le faire.

Le législateur de 1893 eût été mieux inspiré en décidant que l'hypothèque légale anéantie par la séparation de corps revivrait à dater de la réconciliation des époux dûment constatée, mais pour l'avenir seulement et sous la réserve des droits acquis aux tiers du chef du mari pendant le temps de la séparation (2).

(1) Voir *infra* p. 107.

(2) DROIT COMPARÉ :

Allemagne : Projet de Code civil : art. 1277 : La femme mariée n'a besoin de l'autorisation de son mari que dans les actes juridiques pour lesquels elle s'oblige à une prestation qu'elle doit faire en personne (de la Grasserie, *op. cit.*, p. 273).

Angleterre : L'act précité du 28 août 1857 (art. 25 et 26) confère à la femme séparée de corps la libre disposition de ses biens (Lehr, *op. cit., loc. cit.*).

Espagne : ART. 1444, C. civ. La femme séparée de corps à qui l'administration de sa fortune a été confiée ne peut durant le mariage aliéner ou grever ses immeubles sans une autorisation judiciaire. S'il s'agit de valeurs publiques et de titres d'entreprises et sociétés et que l'aliénation ne puisse en être ajournée sans un grave et imminent danger pour le capital administré, la femme peut les faire vendre par un courtier à charge d'en déposer le produit en justice jusqu'à ce que le juge compétent ait statué. Le courtier est personnellement responsable de l'accomplissement de la consignation (Lehr, *op. cit.*, n° 142 *in fine*).

Italie : ART. 134, C. civ. italien. La femme ne peut donner, aliéner des immeubles, les grever d'hypothèques, contracter des emprunts, céder ou recouvrer des capitaux, se rendre caution, ni transiger, ni ester en justice relativement à ces actes sans l'autorisation du mari.

ART. 135, C. civ. italien. L'autorisation du mari ne lui est pas nécessaire lorsqu'elle est légalement séparée par la faute de ce dernier.

ART. 136, C. civ. italien. Si la femme est légalement séparée par sa faute propre, soit par la sienne et celle du mari, soit par mutuel consentement, l'autorisation du Tribunal civil est nécessaire.

Le Tribunal ne peut accorder cette autorisation si auparavant le mari n'a

Pouvoir de s'obliger.

Avant la loi du 6 février 1893, la femme séparée de corps ne pouvait s'obliger que dans les limites de son droit d'administration, auteurs et jurisprudence étaient d'accord sur ce point (1). Il avait été jugé notamment par application de ce principe : 1° Qu'une femme séparée ne peut, si ce n'est dans la mesure d'un acte d'administration, contracter une obligation personnelle ou acheter à crédit sans l'autorisation de son mari (2) ; 2° Qu'un emprunt contracté par une femme mariée sans l'autorisation de son mari, doit être annulé, s'il n'est pas établi que les sommes empruntées ont été employées à de légitimes besoins concernant l'administration des biens de la femme et qu'elles ont été versées dans ce but (3) ; 3° Que la femme séparée ne peut, sans y être autorisée, cautionner la dette d'un tiers sous forme d'aval, alors surtout qu'elle ne doit retirer aucun profit des valeurs ou marchandises à raison desquelles ce tiers a contracté l'obligation cautionnée (4).

pas été entendu ou cité à comparaître en la Chambre du conseil, sauf les cas d'urgence (Huc, *C. civ. italien*, p. 35).

Saxe : La femme séparée peut sans le consentement de son mari passer toutes sortes de contrats, mais seulement dans la limite de ses besoins ; au-delà de ces limites, le mari ne serait pas obligé vis-à-vis des tiers (art. 1415 et 1750 du Code Saxon (Glasson, *op. cit.*, p. 163).

Suisse : *Fribourg* : La femme séparée a sa pleine capacité (C. civ., art. 64, Lardy, *op. cit.*, p. 86).

(1) Rodière et Pont, *op. cit.*, t. III, n° 2193. Aubry et Rau, *op. cit.*, t. V, § 510 et note 77. Colmet et Santerre, *op. cit.*, t. VI, n° 101 *bis* XII. Laurent, *op. cit.*, t. XXII, n°ˢ 308 et s. — Paris, 27 novembre 1857, D. 1857.2.209. Poitiers, 6 février 1858, D. 1859.2.72. Toulouse, 6 juin 1883, D. 1885.2.75.

(2) Arrêt précité du 6 juin 1883.

(3) Arrêt précité du 27 novembre 1857.

(4) Arrêt précité du 6 février 1858.

Nul doute que le texte du nouvel article 3 n'ait au contraire
donné à la femme séparée de corps le droit de contracter, de
s'obliger sans restriction aucune et sans le secours d'une autorisation. Elle peut donc acheter au comptant ou à crédit des
valeurs mobilières et immobilières et spécialement faire des
acquisitions de meubles ou d'immeubles en remploi de ses
propres (1) ; convertir ses titres nominatifs en titres au porteur (2) ; louer ses immeubles pour une durée de plus de
neuf ans ; accepter un mandat ; transiger (3) ; acquiescer à un
jugement ou se désister d'une instance ; passer un compromis (4) ; procéder au partage d'une succession immobilière ;
accepter une succession ; recevoir une donation (5).

(1) Nous avons vu *supra*, p. 85, que la jurisprudence antérieure à la loi
nouvelle ne lui permettait de faire sans autorisation que les remplois ayant
le caractère d'un acte d'administration. Restait à savoir dans quel cas un
remploi était un acte d'administration et dans quel cas il constituait un acte
de disposition. Les juges appréciaient souverainement.

(2) La jurisprudence lui reconnaissait déjà ce droit, par la raison un peu
arbitraire peut-être qu'il n'y avait là qu'un acte d'administration (voir *supra*,
p. 35).

(3) Non seulement sur les actes d'administration, ce qu'elle pouvait faire
auparavant (voir *supra*, p. 35), mais encore sur tous ses droits.

(4) Le Code de procédure civile admet que la femme ne peut jamais être
autorisée par la justice à passer un compromis. L'article 85, § 6, ordonne
communication au ministère public de toutes les causes intéressant les femmes non autorisées par leur mari ; or, aux termes de l'article 1004 du même
Code, on ne peut compromettre sur aucune des contestations qui sont sujettes
à cette communication.

La loi du 6 février 1893 a rendu sur ce point toute liberté à la femme séparée de corps.

(5) L'épouse séparée obtient ainsi le droit absolu de recevoir à titre gratuit par voie de donations entre-vifs ou testamentaires. Et cependant, le
mari n'a-t-il pas intérêt malgré la séparation de corps à connaître le motif
des libéralités qu'on veut faire à sa femme ? Disons toutefois que cette considération ne suffit pas à faire échec aux dispositions si nettes de l'article 3
§ 3.

Il y a là, nous semble-t-il, une innovation des plus heureuses. Si les aliénations de meubles consenties par la femme faisaient courir de grands risques aux tiers avec lesquels elle traitait, les obligations consenties par cette femme leur offraient peut-être encore une moins grande certitude. La question de savoir si une personne contracte dans les limites de son droit d'administration, n'est-elle pas plus délicate en ce qui concerne les obligations qu'en ce qui regarde les aliénations ? N'allait-on pas jusqu'à admettre que les acquisitions de meubles faites par la femme étaient valables alors seulement qu'au moment du marché, elle pouvait disposer des fonds constitutifs du prix ? Et les Tribunaux n'avaient-ils pas décidé qu'un emprunt fait par elle quelle que soit son utilité, pouvait être annulé, lorsqu'il dépassait par son importance les limites d'une bonne gestion ?

« Par la force des choses, les tiers ne pouvaient traiter avec la femme seule, écrit M. Colmet de Santerre, tout les poussait au contraire à subordonner leur crédit, et par suite, la conclusion du contrat à une autorisation du mari ou de justice leur donnant toute sécurité pour l'avenir. Pour la femme séparée de biens à laquelle il est somme toute assez facile d'obtenir l'autorisation maritale, et presque toujours sans aucune des difficultés inhérentes à la séparation de corps, il n'y a pas de grands inconvénients à ce qu'elle soit tenue de se faire autoriser toutes les fois qu'un doute est possible sur l'opération qu'elle veut faire (1) ». « Mais, ajoute M. Cabouat (*op. cit.*, p. 55), en était-il de même de la femme séparée de corps ? — Evidem-

(1) Colmet de Santerre, *op. cit.*, t. VI, n° 101 *bis* X.

ment non ; cette nécessité dans laquelle elle se trouvait sous l'empire du Code civil de solliciter fréquemment le consentement du mari aux actes juridiques qu'elle voulait réaliser avait de sérieux inconvénients. D'une part, elle paralysait en fait la faculté d'initiative personnelle qu'il avait été dans la pensée du législateur d'accorder à la femme, et cela, au moment même où une certaine indépendance juridique lui était plus que jamais nécessaire, tant pour corriger l'influence pernicieuse exercée par la séparation de corps elle-même, que pour rendre aussi rares que possible les extorsions ou marchandages dont l'octroi de l'autorisation maritale était trop souvent l'occasion entre époux séparés de corps (1) ».

(1) DROIT COMPARÉ : *Allemagne*. Projet de Code civil : La femme a besoin de l'autorisation de son mari dans les actes juridiques pour lesquels elle s'oblige à une prestation qu'elle doit faire en personne.

A défaut de cette autorisation, l'acte juridique est annulable. Le droit d'annulation n'appartient qu'au mari. L'adversaire à l'action en nullité est le tiers envers lequel la femme s'est obligée à une prestation.

La nullité a pour effet que l'existence de l'acte juridique cesse pour l'avenir et que les prestations arriérées qui devaient être fournies par la femme en personne ne peuvent plus être exigées ; sans préjudice du droit à indemnité pour l'exécution omise jusqu'alors.

Tant que la communauté d'habitation cesse entre les époux, le droit d'annulation ne peut être exercé (De la Grasserie, *op. cit.*, p. 273 et 274).

Angleterre : L'act du 28 août 1857, art. 25 et 26 confère à la femme séparée de corps une pleine liberté en matière de contrats (Lehr, *op. cit. loc. cit.*).

Italie : Si la femme est séparée par la faute de son mari elle peut s'obliger sans avoir besoin de recourir à une autorisation.

Si la séparation a été prononcée, aux torts de la femme, aux torts des deux époux, ou si elle a eu lieu par mutuel consentement, la femme doit se faire autoriser par le Tribunal (art. 135 et 136 C. civ. italien c. b. n.) (Huc, *Le Code civil italien*, p. 35).

Saxe : La femme séparée peut sans le consentement de son mari passer

Nous avons vu par ce qui précède que la femme séparée de corps peut contracter librement avec les tiers. Faut-il lui reconnaître le même droit dans ses rapports avec le mari ?

La question présente un grand intérêt au point de vue du contrat de société, du contrat de vente et de la donation.

1° Société. — On admet généralement en doctrine et en jurisprudence que les époux ne peuvent pas former entre eux une société de biens particulière ou universelle ; en effet, dit-on, si les conjoints ont exclu la communauté de leur contrat de mariage, ils dérogeraient à la loi qu'ils se sont donnée, en établissant entre eux une association, et s'ils ont adopté la communauté, ils modifieraient le pacte conjugal en créant une société nouvelle et différente de la première. Dans l'un et l'autre cas, ils violeraient le principe de l'immutabilité des conventions matrimoniales édicté par l'article 1395 (1).

Cette prohibition doit-elle être étendue aux époux séparés de corps sous le régime de la loi nouvelle ? Nous croyons devoir répondre affirmativement en invoquant à l'appui de notre solution un argument qui nous semble décisif.

---

toutes sortes de contrats, mais seulement dans les limites de ses besoins. Au delà de ces limites, le mari ne serait pas obligé vis-à-vis des tiers (Code saxon, art. 1445 et 1750, Glasson, *op. cit.*, p. 113).

Suisse : Fribourg : Code civil, art. 61, la femme séparée de corps a sa pleine capacité. Lardy, *op. cit.*, p. 85.

Lucerne : Loi du 26 novembre 1880, art. 22 : la séparation de corps fait cesser la puissance maritale, et la femme répond vis-à-vis des tiers de toutes les obligations qu'elle contracte à partir de ce moment (*Annuaire de législation étrangère*, 1880, pp. 486 et s.).

(1) Guillouard, *op. cit.*, n° 229. Troplong, *op. cit.*, t. I, n° 210. Aubry et Rau, *op. cit.*, t. V, § 503 *bis*, texte et note 11.— Paris, 21 mars 1870, S.1871. 2,71 ; Dijon, 27 juillet 1870. S. 1871.2.208.

La séparation de corps entraîne la rupture des conventions matrimoniales primitivement établies et leur substitue un régime nouveau. Mais cette rupture n'est pas définitive, la séparation peut cesser, la vie commune peut reprendre et les époux ont alors la faculté de se replacer sous l'empire de leur ancien contrat de mariage. La loi leur reconnaît ce droit, mais elle ne le leur donne que sous certaines conditions rigoureusement déterminées : elle exige que les conventions matrimoniales soient rétablies dans leur forme primitive et que ce rétablissement soit soumis à une publicité spéciale. Or, si les époux séparés de corps avaient la faculté de constituer une société, ils pourraient établir entre eux un pacte différent de celui qu'ils avaient autrefois stipulé, et ils pourraient l'établir sans satisfaire aux conditions de forme prescrites par l'article 1451 (1).

2° VENTE. — Aux termes de l'article 1595 du Code civil : « *Le contrat de vente ne peut avoir lieu entre époux que dans les trois cas suivants : 1° Celui où l'un des époux cède des biens à l'autre séparé judiciairement d'avec lui, en paiement de ses droits. — 2° Celui où la cession que le mari fait à la femme même non séparée a une cause légitime telle que le remploi de ses immeubles aliénés ou de deniers à elle appartenant, si ces immeubles ou deniers ne tombent pas en communauté. — 3° Celui où la femme cède ses biens à son mari en paiement d'une somme qu'elle lui avait promise en dot et lorsqu'il y a exclusion de communauté. Sauf, dans*

_____

(1) Paris, 21 mars 1870, S. 1871.2.71. Guillouard, *op. cit.*, n° 1283.

ces trois cas, les droits des héritiers des parties contractan-
tes, s'il y a avantage indirect ».

On pourrait, croyons-nous, soutenir avec quelque apparence
de raison, que les restrictions édictées par ce texte cessent de
s'appliquer au cas de séparation de corps. La capacité civile
des époux est alors identique, leur indépendance respective
est complète ; pourquoi ne pas admettre qu'ils seront soumis
au droit commun en matière de vente ? Pourquoi ne pas décider qu'ils jouiront dans leurs rapports entre eux de la même
liberté que dans leurs relations avec les tiers ?

Cette opinion ne nous satisfait point : nous pensons que les
prescriptions de l'article 1595 doivent être observées après la
séparation de corps. Cette institution laisse subsister le mariage ; elle permet à l'homme et à la femme de se réunir à
toute époque. Eh bien, si l'on autorise sans restriction la vente
entre époux séparés de corps, quel sera le sort des aliénations
consenties en dehors des limites de l'article 1595 lorsque les
conjoints reprendront la vie commune ? Devra-t-on les maintenir ? Si l'on adopte cette solution il faut reconnaître que l'on
donne aux époux un moyen bien simple de violer les dispositions de la loi : il leur suffira d'obtenir frauduleusement un
jugement de séparation de corps pour réaliser librement toutes les aliénations qu'ils croiront devoir opérer entre eux, après
quoi, ils se réconcilieront. Devra-t-on décider au contraire,
qu'en cas de réconciliation, les contrats de vente qui ne ren-
trent pas dans le domaine de l'article 1595, seront annulés ?
Ce système conduit à des difficultés inextricables : dans les rapports des conjoints entre eux, comment régler la question

des fruits perçus par l'acquéreur, celle des impenses et des détériorations qu'il a faites durant la séparation ? Dans les rapports des époux avec les tiers, quel sort réserver aux aliénations ou aux droits réels consentis par le cessionnaire ? Quel que soit le point de vue auquel on se place, on se heurte à des complications sans nombre que la loi nouvelle n'a certes pas voulu créer.

Quelles sont au surplus les raisons qui ont poussé le législateur à édicter la règle de l'article 1595 ? Il n'a pas voulu que l'un des conjoints puisse, à l'aide d'une vente simulée, consentie à l'autre, soustraire ses biens à l'action de ses créanciers ; il n'a pas voulu davantage que sous les apparences d'une aliénation à titre onéreux, les époux puissent se faire des libéralités qui excéderaient la quotité disponible, qui en tout cas seraient irrévocables. S'il en est ainsi, les motifs qui ont conduit les rédacteurs du Code civil à prohiber le contrat de vente entre époux subsistent après la séparation de corps et par suite, cette prohibition doit être maintenue ; d'une part en effet, la séparation n'empêchera pas le mari et la femme de se concerter, s'ils le veulent, pour agir en fraude des droits de leurs créanciers ; d'autre part, les restrictions édictées par la loi en matière de donations entre époux subsistent encore ainsi que nous allons le voir.

3° DONATIONS (1). — L'article 1096 du Code civil décide que : *toutes donations faites entre époux pendant le mariage, quoique qualifiées entre vifs, seront toujours révocables.*

(1) La question que nous allons examiner ici présente surtout un intérêt théorique ; le cas de deux époux séparés qui se font des donations sera incontestablement fort rare dans la pratique.

Les articles 1094 et 1098 établissent un disponible spécial entre époux pour le cas où le donateur laisse des ascendants, des enfants issus du mariage ou des enfants d'un premier lit.

Il est évident que la séparation de corps ne modifie pas ces dispositions.

Les donations faites entre époux séparés demeureront soumises au principe de la révocabilité ; le texte de l'article 1096 ne peut laisser aucun doute à cet égard, il vise *toutes les donation faites...... pendant le mariage* et comprend par conséquent celles qui ont lieu après la séparation de corps cette institution ne brisant pas le lien conjugal. Notre article ajoute que de telles libéralités *seront toujours révocables,* ce qui revient à dire que le donateur pourra les rétracter à toute époque, même après le décès du donataire et à plus forte raison après la séparation de corps. Ne serait-il pas extraordinaire au surplus que les conjoints trouvent dans cette séparation un moyen de se faire des donations irrévocables alors qu'auparavant ils n'avaient pas ce droit !

Les libéralités entre époux séparés de corps ne devront pas davantage excéder la quotité disponible prévue par les articles 1094 et 1096. Ces dispositions constituent une mesure de protection pour les héritiers réservataires ; qu'il y ait ou non séparation, la situation de ces héritiers reste la même ; leurs droits doivent être également sauvegardés dans tous les cas. (1)

Disons ici quelques mots de la prescription entre époux :

(1) Nous admettons que les autres contrats sont permis entre époux, non seulement lorsque la loi le dit expressément (Mandat, 1420, C. civ. Cautionnement, 1831, C. civ.), mais encore lorsqu'elle ne s'est pas expliquée à cet égard.

Aux termes de l'article 2253 : « *La prescription ne court point entre époux* :

Aux termes de l'article 2256, elle est suspendue pendant le mariage :

1° *Dans le cas où l'action de la femme ne pourrait être exercée qu'après une option à faire sur l'acceptation ou la renonciation à la communauté* ».

« 2° *Dans le cas où le mari ayant vendu le bien propre de sa femme, sans son consentement, est garant de la vente, et dans tous les autres cas où l'action de la femme réfléchirait contre le mari* ».

Ces textes sont-ils applicables aujourd'hui encore à la séparation de corps ? Il est permis d'en douter : la femme séparée est pleinement capable, pleinement indépendante ; elle a le droit et le devoir de veiller à la conservation de son patrimoine. Pourquoi dans de telles conditions interrompre ou suspendre la prescription en sa faveur ? Nous croyons néanmoins que les dispositions des articles 2253 et 2256 doivent être maintenues au cas de séparation de corps. Le législateur n'a pas voulu que durant le mariage l'un des époux soit contraint d'intenter une action à l'autre pour conjurer les effets d'une prescription commencée ; il a cherché ainsi à assurer la paix au sein du ménage, la bonne harmonie dans la famille. Cette raison n'a rien perdu de sa force en cas de séparation de corps ; les époux malgré leur irritation pourront un jour oublier leur désaccord et reprendre la vie commune ; il ne faut pas diminuer cette espérance en les mettant dans la nécessité de s'intenter de nouvelles poursuites devant les Tribunaux.

§ 3. — Pouvoir d'ester en justice.

Si l'on en excepte le cas d'une demande en divorce, en séparation de corps ou en séparation de biens, et le cas où elle est l'objet de poursuites répressives, la femme mariée ne pouvait sous l'empire du Code civil ester en justice sans autorisation.

En règle générale, cette autorisation devait émaner du mari. Elle pouvait exceptionnellement être donnée par la justice dans les cas prévus aux articles 218, 221, 222, 224 du Code civil, en se conformant à la procédure établie par les articles 861-865 du Code de procédure civile.

Il est vrai que l'article 215 ne soumettait à la nécessité de l'autorisation que la femme séparée de biens, mais on admettait sans difficulté que la même obligation s'imposait à la femme séparée de corps. La séparation de corps entraîne en effet la séparation de biens et la disposition applicable à l'épouse séparée de biens devait par cela même s'étendre à l'épouse séparée de corps.

La loi du 6 février 1893 a introduit sur ce point une dernière innovation. Elle a affranchi la femme séparée de corps de la nécessité de l'autorisation que lui imposait auparavant l'article 215. Le texte de l'article 3, § 3 a une portée absolument générale : il décide que la femme recouvre *le plein exercice de sa capacité civile sans qu'elle ait besoin de recourir à l'autorisation de son mari ou de justice*, et il n'établit à cet égard aucune distinction entre les actes judiciaires et les actes extrajudiciaires. Il n'eut pas été possible au surplus de maintenir ici la nécessité de l'autorisation, alors que d'autre part, on permettait à la femme de contracter librement.

Par l'effet de cette disposition, l'épouse séparée de corps peut maintenant intenter et poursuivre en justice toutes les actions qui lui compètent, défendre à ces actions quelque soit leur nature et quelle que soit la juridiction saisie.

Cette règle présentant un caractère général et ne comportant aucune exception, il suffit, croyons-nous, de l'énoncer sans qu'il soit besoin d'y insister davantage.

Reste à examiner une question fort délicate qu'a fait naître la loi du 6 février 1893.

Nous savons qu'aux termes de l'article 1er, § 2, les actes signifiés à la femme séparée en matière de questions d'état doivent être également adressés au mari à peine de nullité.

Il convient de se demander quels seront les effets de cette prescription légale sur le sort de l'action intentée en justice.

Nous étudierons successivement à ce propos :

1° Le cas où les actes signifiés à la femme ont été régulièrement communiqués au mari ;

2° Le cas où cette communication n'a pas été faite.

1° Quelles mesures le mari aura-t-il le droit de prendre à la suite de l'avertissement qui lui est donné ? La loi ne le dit pas ; il importe de suppléer à son silence en recourant à l'application des principes généraux.

Nous connaissons les motifs qui ont poussé le législateur à édicter la disposition dont nous parlons : on a voulu que le mari fût tenu au courant d'une affaire où son nom, son honneur, l'avenir de ses enfants se trouvent en jeu (1). L'homme est donc ici en réalité dans la situation d'une personne intéressée à un procès engagé entre deux étrangers. Or la loi autorise les tiers qui peuvent exciper d'un intérêt quelconque dans un litige, à faire valoir cet intérêt. Elle a organisé dans ce but une procédure spéciale, la demande par intervention (339 à 342, C. pr. civ.). Le mari aura donc en tout état de cause le droit de se mêler à l'instance en suivant cette voie.

Lorsqu'il aura négligé d'intervenir au procès malgré les significations qui lui auront été faites, pourra-t-il dans la suite former tierce opposition au jugement? On admet généralement que cette voie de recours est ouverte à toute personne lésée par une décision judiciaire à laquelle elle est demeurée étrangère, et cela, quelle que soit du reste la nature du préjudice causé (2). Pour rendre son opposition recevable, il suffira donc au mari d'établir qu'il a un intérêt moral direct et appréciable à voir réformer le jugement.

Et toutefois, l'époux qui n'est pas intervenu à l'instance après avoir reçu toutes les significations légales, n'est-il pas sensé avoir acquiescé par avance au jugement? ne doit-il pas

(1) Voir *suprà*, p. 32.

(2) Jugé notamment que l'article 474 du Code de procédure civile qui institue la voie de la tierce opposition s'applique en matière de questions d'état (Amiens, 3) janvier 1886, *Recueil d'Amiens*, 67, 1886). Jugé de même que la tierce opposition formée par le mari à un jugement qui, prononcé contre sa femme non autorisée, lui fait grief tant du chef de son autorité conjugale, que du chef de ses droits sur la communauté est recevable. Et cela, bien que les significations relatives à ce jugement aient été faites au domicile du mari (Paris, 18 janvier 1887, *Le Droit* du 26 février 1887).

Le mari ayant le droit de former tierce opposition, nous pensons qu'il lui est permis d'intervenir pour la première fois en appel (466, C. pr. civ.).

7

être considéré par suite comme déchu du droit de former tierce
opposition ? Nous ne le croyons pas : les communications adressées au mari en vertu de l'article premier § 2 ont le caractère
d'un simple avertissement ; elles ne lui assignent aucun délai
pour agir. Il faut donc s'en référer purement et simplement
aux règles du droit commun.

Quel sera le rôle du mari lorsqu'il se trouvera au procès ?
Il ne nous apparaît pas, bien entendu, comme devant être
celui d'un simple auxiliaire de la femme, venant la seconder
par son intervention et soutenir ses prétentions. La situation
de l'époux sera complètement indépendante de celle des autres
parties en cause : il représentera un intérêt spécial et distinct,
celui de la famille. En pratique, cet intérêt se confondra la
plupart du temps avec celui de la femme, et des conclusions
identiques seront prises de part et d'autre ; mais l'éventualité
contraire pourra se produire et nous verrons dans ce cas les
deux conjoints soutenir des prétentions opposées alors que
l'état de la femme est en jeu.

2° Lorsque les communications prescrites par l'article premier § 2 n'ont pas été adressées au mari, quelle sera la sanction de cette omission ?

La loi nouvelle a explicitement résolu la question :

Les actes signifiés à l'épouse seront nuls s'ils n'ont pas été
dénoncés à l'époux. Aucune difficulté ne peut donc surgir sur
ce premier point ; mais l'embarras est grand lorsqu'on en
arrive à se demander quel est le caractère de cette nullité,
et qui pourra s'en prévaloir, car la loi est restée muette à cet
égard. Il faut décider croyons-nous qu'il s'agit ici d'une nullité

radicale et absolue : le texte de l'article premier peut être invoqué en ce sens. Il dit que *toute signification faite à la femme
devra être adressée au mari à peine de nullité* et il édicte cette
nullité d'une façon générale, sans paraître vouloir faire des
restrictions. Il est à remarquer d'autre part que nous sommes
ici en présence d'un vice de forme; or, un vice de forme entraîne généralement une nullité absolue. Enfin, si en matière
de question d'état le législateur ordonne communication au
mari des actes signifiés à la femme, on connaît les raisons qui
l'ont déterminé à prendre une pareille mesure. C'est la protection des enfants, la sauvegarde des familles, la possibilité
de voir un jour la réconciliation des époux s'opérer si la femme
est efficacement protégée et ne succombe pas dans une instance aussi grave que celle-ci. Autant de motifs qui semblent
intimement liés à l'ordre public. Or, chacun peut se prévaloir
de l'omission d'une disposition légale qui touche à l'intérêt
général. Tout le monde aura donc le droit d'invoquer la nullité prononcée par l'article premier, § 2 ; non seulement le
mari, mais aussi le ministère public, la femme et l'adversaire
de la femme au procès.

Ajoutons que le droit du mari nous paraît fondé sur un intérêt purement moral, qu'on devra par conséquent le considérer comme exclusivement attaché à sa personne et que ses
créanciers ne pourront pas l'exercer en son nom.

Le tuteur de l'époux interdit aura-t-il qualité pour agir ici
au nom de ce dernier ? Nous ne le pensons pas. Le droit qui
appartient au mari découle évidemment du principe de la
puissance maritale ; or, le tuteur de l'interdit ne peut exercer

cette puissance ; il ne possède aucune autorité sur la personne de la femme. Il faudra néanmoins lui dénoncer régulièrement les actes de la procédure, car la main levée de l'interdiction peut être prononcée à tout instant; le mari reprend alors l'exercice de ses actions et il aura la faculté d'intervenir ou de faire tierce opposition si grâce aux communications signifiées à son tuteur il est informé du procès auquel sa femme est partie (1).

§ 4. — Annulabilité des actes passés par la femme avant et après la séparation de corps.

Après avoir établi que la femme ne peut « *donner, aliéner, hypothéquer, acquérir à titre gratuit ou onéreux* » sans le consentement de son mari ou l'autorisation de justice, le Code civil a édicté une sanction à cette défense dans les articles 225 et 1125 : la femme, le mari ou leurs héritiers peuvent demander la nullité des actes passés sans autorisation. Les obligations consenties par la femmme séparée de corps en

---

(1) Droit comparé : *Allemagne* : Projet de Code civil, art. 1277 : La femme n'a besoin de l'autorisation du mari que dans les actes pour lesquels elle s'oblige à une prestation qu'elle doit faire en personne. Le mari ne peut demander pendant la séparation la nullité d'actes semblables faits sans son autorisation (de la Grasserie, *op. cit.*, p. 273 et 274).

Angleterre. La femme séparée de corps peut librement exercer tous ses droits en justice (act. du 28 août 1857, Lehr, *op. cit.*, *loc. cit.*).

Italie : La femme séparée par la faute de son mari peut librement ester en justice. Lorsque la séparation a eu lieu aux torts et griefs du mari, aux torts et griefs des deux époux ou en vertu d'une convention, l'autorisation de justice est nécessaire à la femme (Code civil italien, art. 134 et 136, c. b n. Huc, *Le Code civil italien*, p. 35).

Suisse : *Fribourg* : La femme séparée recouvrant sa pleine capacité civile (Code civil, art. 64. Lardy, *Les législations civiles des cantons suisses*, 86) elle peut librement ester en justice.

dehors des limites de l'article 1449 étaient incontestablement soumises à cette règle générale. Il n'en est plus de même aujourd'hui : l'action en nullité dont s'agit a pour fondement le respect de l'autorité maritale. Cette autorité disparaissant avec la séparation de corps, les prescriptions qui en assuraient l'observation ont disparu avec elles. *Cessante causâ, cessat effectus.*

Les observations qui précèdent se rattachent au cas où des actes seraient passés par la femme séparée de corps postérieurement à la séparation.

Supposons maintenant que ces mêmes actes soient intervenus à une époque antérieure. Nul doute qu'en pareille hypothèse l'action en nullité subsiste à la séparation. Reste à savoir pendant combien de temps elle pourra s'exercer.

Aux termes de l'article 1304 du Code civil, cette action se prescrit par dix ans et le délai ne court que du jour de la dissolution du mariage. Le législateur de 1804 avait pensé avec raison que la femme a besoin de toute son indépendance pour exercer les droits qui lui appartiennent et la séparation de corps devait ici rester sans influence puisque après comme avant l'autorité maritale se trouvait maintenue.

La loi du 6 février 1893 a-t-elle modifié cette règle? en d'autres termes, le nouvel article 3, § 3 en rendant à la femme séparée de corps le plein exercice de sa capacité civile a-t-il eu pour résultat de faire courir la prescription décennale de l'action en nullité, du jour de la séparation de corps et non plus du jour de la dissolution du mariage?

Inutile de chercher une solution dans le texte de la loi ; elle ne s'est pas préoccupée de ce point.

Les auteurs qui l'ont commentée, ont examiné la question de savoir dans quel sens il eut été préférable de trancher la difficulté, et tous n'en arrivent pas à la même conclusion.

M. Surville estime que maintenant encore, et quoique la femme séparée de corps ait recouvré sa pleine capacité, il serait utile de maintenir intégralement le texte de l'article 1304 et de faire courir le délai de dix ans du jour de la dissolution du mariage seulement : L'action en nullité intentée par la femme après la séparation de corps serait en effet un obstacle à la réconciliation des époux « car elle apprendrait à l'homme que la femme a passé des actes au mépris de l'autorité maritale, à une époque où elle y était soumise (1) ».

MM. Thiénot et Cabouat pensent au contraire que la prescription décennale devrait courir maintenant, du jour où la séparation de corps a été prononcée puisqu'à partir de ce moment, la femme devient pleinement capable d'agir. Cette solution, ajoute M. Thiénot, ne présente pas de grands inconvénients en ce qui touche la réconciliation des époux. Et d'abord, que la prescription coure ou qu'elle ne coure pas, l'action peut s'intenter tout aussi aisément ; ensuite, la plupart du temps, ce n'est pas la femme elle-même qui introduira cette action, elle sera provoquée par la poursuite des tiers ; enfin, quand l'épouse séparée de corps aura elle-même intérêt à demander la nullité d'un acte, ce n'est pas la crainte de déplaire à son mari qui l'empêchera d'agir au plus tôt (2).

Nous pensons que ces raisons sont absolument décisives. Le

(1) Surville, *Revue critique*, 1893, p. 232.
(2) Thiénot, *Revue critique*, 1893, p. 386 et s. Cabouat, *op. cit.*, p. 57 et s.

point de départ de la prescription décennale qu'établit le Code civil avait une raison d'être : l'incapacité de la femme et le désir de ne pas troubler la paix du ménage. Ces motifs n'existent plus aujourd'hui en cas de séparation de corps ; il devient donc inutile de maintenir la règle telle qu'elle a été édictée.

Et cependant, tout en regrettant qu'une réforme législative ne soit pas intervenue sur ce point, MM. Thiénot et Cabouat estiment qu'en l'absence de dispositions contraires, le texte formel de l'article 1304 continue de s'appliquer comme par le passé (1).

S'il nous était permis d'exprimer un avis, peut-être ne serait-il pas absolument conforme à celui des auteurs dont nous venons de citer l'opinion.

Le texte de l'article 1304 n'est-il pas absolument opposé sinon à la lettre, du moins à l'esprit de la loi nouvelle. Le point de départ qu'il assigne au délai de la prescription n'a plus aucun sens lorsqu'il y a séparation de corps ? Pourquoi vouloir maintenir les effets alors que la cause n'existe plus ? On décide que la femme séparée ne peut plus exercer l'action des articles 225 et 1125 quand il s'agit d'actes postérieurs à la séparation et on admet cette solution malgré le silence de la loi de 1893 sur ce point ! En bonne logique, ne devrait-on pas aller jusqu'au bout dans cette voie d'interprétation extensive et admettre que lorsqu'il s'agit « d'actes antérieurs », la prescription de l'action en nullité doit courir du jour de la séparation prononcée.

(1) Voir également en ce sens : Margat, *op. cit.*, p. 78.

Nous proposerions cependant une exception à cette règle : aux termes de l'article 1560 du Code civil, la femme ou ses héritiers ont le droit de demander après le mariage la nullité de l'aliénation de l'immeuble dotal. Le délai de dix ans pendant lequel cette action peut être intentée ne doit courir aujourd'hui encore que du jour de la dissolution. En rendant à la femme séparée de corps sa pleine capacité civile, l'article 3 § 3 nouveau n'a pas eu pour effet, ainsi que nous allons le voir, de modifier les conventions matrimoniales des époux. L'immeuble dotal demeure inaliénable maintenant comme autrefois ; or la prescription de dix ans a pour fondement une ratification tacite, une ratification qui équivaut à l'aliénation même du fonds dotal : elle ne peut donc utilement intervenir qu'à une époque où l'inaliénabilité a cessé, c'est-à-dire, après la dissolution du mariage (1).

(1) Au cours de l'étude à laquelle nous nous sommes livré sur la capacité de la femme séparée de corps, nous avons envisagé uniquement le cas où la femme est majeure. Expliquons-nous en quelques mots sur la situation de la femme mineure après la séparation de corps. Elle est émancipée par le mariage (art. 476) et d'autre part, elle est soustraite à la puissance maritale (art. 3, § 3 de la loi nouvelle). Elle pourra donc accomplir sans le concours de personne tous les actes de pure administration (art. 481). En ce qui concerne les actes pour lesquels l'assistance d'un curateur est nécessaire, il faudra décider que la mineure séparée de corps sera assistée par un curateur nommé suivant les règles ordinaires par le conseil de famille (art. 480). Ceux qui soutiennent que le mari est de plein droit curateur de sa femme mineure ne peuvent pas admettre en effet que cette curatelle subsiste après la séparation de corps, car elle est un attribut de la puissance maritale qui elle-même disparaît en pareil cas.

CHAPITRE IV

INFLUENCE DE LA SÉPARATION DE CORPS SUR LES
CONVENTIONS MATRIMONIALES DES ÉPOUX.

Nous avons dit que l'article 3 § 3 de la loi nouvelle a restitué à la femme séparée de corps sa pleine capacité civile. Cette femme recouvre son indépendance en ce sens que l'autorisation maritale ou de justice exigée par les articles 215 et suivants, ne lui est plus nécessaire pour l'accomplissement des actes de la vie civile. Il ne subsiste rien de l'incapacité générale qui pesait naguère sur elle en tant que femme mariée.

Mais, à côté de cette incapacité générale, conséquence du mariage, la femme peut être frappée de certaines incapacités spéciales résultant du contrat de mariage. La loi du 6 février 1893 a-t-elle soustrait l'épouse séparée de corps à ces diverses incapacités ? Lui a-t-elle rendu sur ce point comme sur les autres sa pleine liberté d'action ? Est-elle au contraire demeurée sans influence dans le domaine des conventions matrimoniales qui restreignent la liberté de la femme ; celles-ci doivent-elles être intégralement maintenues en leur forme et teneur après la séparation de corps comme avant ?

Grave question sur laquelle le législateur ne s'est pas expliqué nettement et dont il faut chercher la solution dans l'étude des travaux préparatoires et dans la stricte application des principes généraux.

La difficulté ne saurait se présenter quand les époux ont adopté la communauté légale ou conventionnelle, l'exclusion de communauté ou la séparation de biens avec les règles qui s'appliquent d'ordinaire à ces divers régimes. Alors en effet, la capacité de la femme n'est limitée que par l'existence de l'autorité maritale qui disparaît au moment où la séparation de corps est prononcée ; mais que décider :

1° Lorsque les époux ont adopté le régime dotal ou certaines clauses de dotalité adjointes à un autre régime (1).

2° Lorsque sans faire aucun emprunt au régime dotal ils ont convenu que la femme serait frappée d'une incapacité totale ou partielle de s'obliger, ou bien que certains de ses propres demeureraient inaliénables, ou tout au moins aliénables avec remploi obligatoire pour les tiers (2).

(1) A l'incapacité générale résultant de la loi vient alors s'ajouter pour la femme, l'incapacité relative résultant du contrat qui stipule la dotalité. Nous venons de faire allusion à l'incapacité qui atteint la femme dotale : nous ne saurions admettre en effet que la dotalité entraîne simplement l'indisponibilité de la dot pendant le mariage (En sens contraire, Demolombe, *Revue de législation*, 1835, p. 382 et s.; Troplong, *op. cit.*, t. IV, n°° 8312 et 13 ; Mangin, *Revue critique*, 1886, t. XV, p. 92 et 170). Nous croyons au contraire que cette femme est réellement incapable en ce qui concerne ses biens dotaux (En ce sens : Labbé, *Revue critique*, 1856, t. IX, p. 1 et s. ; Bertault, *Questions pratiques et doctrinales*, t. I, n° 656 ; Valette, *Mélanges de droit, de jurisprudence et de législation*, t. I, p. 514 et s. ; Gide, *De la condition privée de la femme*, édition Esmein, p. 419 et s. ; Deloynes, *Revue critique*, année 1882, t. XI, p. 541 et s. ; Guillouard, *op. cit.*, t. 4, n° 1866 ; Jouitou, *Du régime dotal sous le Code civil*, n° 56).

(2) On admet depuis longtemps en doctrine et en jurisprudence que les époux mariés sous le régime de la communauté peuvent stipuler que certains propres de la femme demeureront inaliénables, ou aliénables sous la condition de remploi imposée par le contrat de mariage. Cette stipulation d'inaliénabilité pure et simple ou conditionnelle ne transforme pas les biens

1º DOTALITÉ. — Les effets de la dotalité survivent-ils à la séparation de corps.

La femme demeure-t-elle incapable de s'obliger sur ses biens dotaux ou de les aliéner, de céder son hypothèque légale ou d'y renoncer comme elle l'était pendant la vie commune ? sera-t-elle contrainte d'effectuer les emplois ou remplois obligatoires prescrits au contrat de mariage comme y eut été tenu le mari lui-même ? Enfin, les tiers seront-ils dans certains cas responsables de ces emplois ou remplois comme ils l'étaient avant la séparation ?

La formule générale de l'article 3, § 3 n'a-t-elle pas eu plutôt pour résultat de faire disparaître toutes les conséquences de la dotalité ? En donnant à la femme séparée sa pleine capacité civile, ce texte ne lui a-t-il pas conféré par cela même le

dont s'agit en valeurs dotales ; ces biens conservent leur caractère de propres de communauté et demeurent saisissables d'après les règles du droit commun (En ce sens : Cass., 11 février 1850, D. 1852.2.108 et 1853.1.81 ; Cass., 7 février 1855, D. 1855.1.111 ; Cass. ch. réunies, 8 juin 1858, D. 1858.1.233 et note ; Cass. civ., 21 février 1894, Gaz. trib., 26-27 février 1894. — Rodière et Pont, op. cit., t. I, nº 86. Aubry et Rau, op. cit., t. V, § 504, note 7. Laurent, op. cit., t. XXI, nº 127. De Folleville, op. cit., t. I, nºs 11 et s. Guillouard, op. cit., t. I, nºs 88 et s. — Contra, Troplong, op. cit., t. I, nºs 79 et 1085. Marcadé, op. cit., sur l'article 1497, nº 3 et Revue critique, t. I, p. 286 et t. II, p. 602).

Nous pensons qu'une clause semblable pourrait être valablement insérée dans un contrat de mariage portant adoption du régime exclusif de communauté ou de la séparation de biens.

Quant à la stipulation du contrat de mariage par laquelle la femme se serait interdit de s'obliger pendant la vie conjugale, une partie de la jurisprudence en a reconnu la validité quel que soit du reste le régime adopté par les époux (Paris, 27 novembre 1875, D. 1877.2.89 ; Paris, 6 décembre 1877, D. 1878.2.81).

droit de disposer librement, sans restriction aucune de ses valeurs dotales comme de ses autres biens ?

Pour soutenir que la loi du 6 février 1893 ne laisse rien subsister de la dotalité, on a successivement invoqué un principe de droit et un argument tiré des travaux préparatoires.

1° En thèse générale, a-t-on dit, tous les biens qui se trouvent entre les mains des particuliers sont dans le commerce et peuvent en conséquence faire l'objet d'une aliénation ou d'une obligation (arg., art. 1128). Si certains de ces biens restent parfois inaliénables, cela tient à l'incapacité dont est frappé leur propriétaire, mais il n'est pas douteux que cette inaliénabilité cesse du jour où le maître redevient capable. C'est par application de cette idée que la femme dotale a toujours obtenu après le divorce la libre disposition de ses biens sans distinction. Or, par l'effet de l'article 3, § 3, la femme séparée de corps recouvre maintenant sa pleine capacité civile comme la femme divorcée ; pas plus que cette dernière, elle ne demeure donc soumise aux règles restrictives de la dotalité.

2° Si l'on recourt aux travaux préparatoires pour connaître quelle a été l'opinion du législateur de 1893 sur la question qui nous occupe, on voit qu'il avait l'intention d'affranchir la femme séparée de corps non seulement de l'autorité maritale, mais encore de toute stipulation du contrat de mariage pouvant restreindre sa capacité. Lorsque la loi vint en discussion devant le Sénat pour la seconde fois au mois de janvier 1887, MM. Paris et Naquet reprirent sous forme d'amendement le projet du Conseil d'État. Au cours de la séance du 18 janvier. M. Naquet proposait l'adoption du texte suivant : « La séparation de corps emportera toujours la séparation de biens. Elle aura pour effet de supprimer l'autorité maritale et de faire rentrer la femme dans le plein exercice de sa capacité civile à l'égard de ses biens, nonobstant toute clause restrictive du contrat de mariage (1) ».

M. Paris soutenait d'autre part un amendement ainsi conçu : « La séparation de corps emportera toujours la séparation de biens ». « Elle aura en outre pour effet de rendre à la femme le plein exercice de sa capacité civile sans qu'elle ait besoin en aucun cas de recourir à l'autorisation du mari ou de justice (2) ».

Le 20 janvier, après la discussion de l'amendement Paris, M. Naquet fut invité à soutenir le sien ; l'honorable sénateur déclara alors qu'il le retirait pour se rallier à celui de son collègue et les observations suivantes furent échangées à ce propos entre le président du Sénat et lui :

M. NAQUET. — « Je l'ai retiré (son amendement), Monsieur le Président.

LE PRÉSIDENT. — « Permettez ; vous avez ajouté que la séparation de corps aura pour effet de faire rentrer la femme dans le plein exercice de sa capacité civile à l'égard de ses biens nonobstant toute clause restrictive du contrat de mariage. Il serait peut-être bon de donner quelques explications sur cette disposition ».

(1) Séance du 20 janvier 1887 au Sénat. Sénat, *Débats parlementaires* 1887, p. 21.

(2) Séance du 20 janvier 1887 au Sénat ; Sénat, *Débats parlementaires* 1887, p. 21.

M. Naquet. — « On m'a fait remarquer que cette phrase
était absolument inutile et que l'amendement de M. Paris répondait à la pensée qui l'avait dictée. Je me suis alors rallié
à cet amendement ».

Le Président. — « Alors le régime dotal stipulé disparaît »?

M. Naquet. — « Oui, Monsieur le Président (1) ».

Personne ne vint protester contre cette assertion et le Sénat
sembla par son silence vouloir adopter l'interprétation que
M. Naquet entendait donner au texte proposé par M. Paris,
texte qui devint plus tard l'article 3 § 3 de la loi du 6 février
1893.

D'un autre côté, lorsque le projet vint en discussion devant le
Sénat pour la dernière fois, au mois de janvier 1893, M. Chovet soutint à la tribune l'opinion que M. Naquet avait émise
en 1887 : « La femme séparée de corps, disait l'honorable sénateur, doit-elle recouvrer la plénitude de ses droits civils, et
ce, quelles que soient d'ailleurs les conditions dans lesquelles
la séparation de corps a été prononcée, qu'elle l'ait été soit au
profit de la femme, soit contre la femme ? Pourra-t-elle être
absolument assimilée à la femme divorcée, à la femme veuve,
à la fille majeure » . . . .

« . . . . . La Chambre, et avec la Chambre, le Conseil
d'État ont émis sur cette question une opinion absolument affirmative. Oui, ont-ils dit, la femme séparée de corps, quelles
que soient les conditions dans lesquelles la séparation de corps
aura été prononcée, sera absolument assimilée à la femme di-

_____

(1) Séance du 20 janvier 1887 au Sénat ; Sénat, *Débats parlementaires*,
1887, p. 31.

vorcée, à la femme veuve, à la fille majeure ». . . . .

« . . . . . La séparation de corps, aujourd'hui, Messieurs, ne peut pas avoir la même signification qu'elle avait, lorsque seule, elle figurait dans le Code. Il faut maintenant l'envisager avec les effets qu'elle doit avoir, placée à côté du divorce, c'est-à-dire, comme étant, je le répète, le divorce des catholiques, c'est-à-dire de ceux qui veulent respecter l'indissolubilité des liens du mariage et pratiquer jusqu'à la mort la fidélité conjugale . . . .

« . . . . . Vous admettez que la femme indigne contre laquelle le divorce a été prononcé recouvre cependant la plénitude de ses droits civils. A des situations identiques, il faut appliquer des règles identiques . . . .

« . . . . . La séparation de corps est donc bien de nos jours le divorce catholique. Or, je prétends qu'il faut assurer à ce divorce catholique, au point de vue des intérêts pécuniaires, les mêmes conséquences que celles qui sont attachées au divorce proprement dit . . . .

« . . . . . Au point de vue de la capacité civile, la situation de la femme séparée de corps doit être la même que celle de la femme divorcée (1) ».

M. Chovet estimait, on le voit, que la séparation de corps, doit mettre un terme à l'incapacité contractuelle de la femme, et ses assertions qui précédaient de quelques jours seulement le vote définitif de la loi, ne furent contredites par aucun membre de la Haute assemblée.

(1) Chovet, Discours au Sénat, 16 janvier 1893 ; Sénat, *Débats parlementaires*, 1893, p. 23 et s.

Nous ne saurions admettre l'opinion que nous venons d'exposer. A notre avis, le texte de l'article 3, § 3 n'a exercé aucune influence sur les conventions matrimoniales des époux
et les clauses de dotalité insérées au contrat de mariage doivent être observées après comme avant la séparation de corps.

1° C'est à tort que l'on veut raisonner ici par analogie du
cas de divorce au cas de séparation de corps. Si la femme dotale recouvre après le divorce la libre disposition de tous ses
biens, c'est qu'alors, le mariage est dissous et que les conventions matrimoniales qui en sont l'accessoire ont disparu avec
lui. Tout autre est la situation dans l'hypothèse de la séparation de corps : cette dernière laisse subsister l'union conjugale ;
certaines obligations réciproques sont maintenues entre les
époux ; la vie commune peut reprendre, et si le mariage survit, pourquoi le contrat de mariage ne survivrait-il pas lui
aussi ?

2° Les travaux préparatoires de la loi du 6 février 1893 loin
de venir à l'appui de la doctrine opposée, sont au contraire
éminemment favorables à notre interprétation ; il ne faut pas
scinder la discussion qui eût lieu au Sénat en 1887 sur la
question et en retenir une partie pour passer le reste sous silence. Il est bon de l'examiner dans son ensemble.

M. Roger-Marvaise adversaire du projet de loi prit la parole
au cours de la séance du 20 janvier et combattit l'amendement
Paris auquel il attribuait précisément le sens que M. Naquet
entendait lui donner :

« Par son amendement, disait M. Roger-Marvaise, l'honorable M. Paris vous propose de bouleverser complètement notre

législation civile, de détruire la puissance maritale qui est de l'essence du mariage. Il va même plus loin encore : non seulement il vous propose de détruire la puissance maritale en cas de séparation de corps, mais encore, de faire disparaître d'une manière absolue, complète, le contrat de mariage qui règle les rapports des époux entre eux (*Très bien, très bien sur quelques bancs à gauche*).

M. GRIFFE. — « Ce n'est pas exact, il ne s'agit pas de cela du tout ».

M. ROGER-MARVAISE. — « Mais, Messieurs, il y a une première conséquence de la séparation de corps, ou plutôt, il y a en cas de séparation de corps quelque chose qui ne disparaît pas, c'est le contrat de mariage. . . . .

. . . .

« Si par exemple les époux sont mariés sous le régime dotal, est-ce qu'en cas de séparation de corps, la femme ne restera pas sous l'empire des lois protectrices de la femme telles qu'elles sont édictées par le Code civil dans le titre relatif au régime dotal ? ». (*Plusieurs sénateurs à gauche* : « C'est cela, parfaitement »).

M. ROGER-MARVAISE. — « Le régime dotal n'est pas détruit par la séparation de corps ; il lui survit (1) ».

M. Léon Renault qui s'était associé à l'amendement Paris et qui l'avait soutenu, répondit aux observations de M. Roger-Marvaise et vint donner les explications suivantes sur le sens et la portée qu'il fallait attribuer à l'amendement proposé :

(1) Séance du 20 janvier 1887 au Sénat ; Sénat, *Débats parlementaires*, 1887, p. 34.

8

« M. Roger-Marvaise, dit-il, a confondu absolument deux choses qui n'ont rien au monde de commun : les stipulations du contrat de mariage et l'autorité maritale. Avec la législation actuelle, est-ce qu'un mari pourrait autoriser sa femme séparée de corps à aliéner le fonds dotal ? Incontestablement non ; par conséquent, la disparition de la nécessité de l'autorisation maritale après que la séparation de corps a été prononcée n'a rien à voir avec l'inaliénabilité du fonds dotal ».

« Il ne s'agit que d'autoriser la femme séparée à faire seule en vertu de sa capacité les actes pour lesquels elle est obligée de demander aujourd'hui l'autorisation de son mari ».

« Précisons bien Messieurs, ce que l'amendement Paris vous propose d'établir : l'autorisation maritale, actuellement, est nécessaire à la femme, pour recevoir, pour disposer de ses biens personnels, pour ester en justice, pour un certain nombre d'actes essentiels qui se lient à sa capacité civile. Le jour où vous aurez déclaré que lorsque rien ne subsiste plus de l'association conjugale dans sa réalité, dans sa sainteté, quand il y a séparation de corps entre les époux, il n'y a plus lieu pour la femme de réclamer une autorisation du mari ou de justice pour aliéner, recevoir, ester devant les Tribunaux, il n'en résultera pas forcément que les contrats de mariage disparaîtront, que leurs stipulations seront anéanties. Ces contrats ne peuvent disparaître qu'à l'instant où le mariage lui-même est dissous par la mort ou le divorce. La puissance maritale ne les a pas créés ; ce n'est pas elle qui les soutient. Elle n'a rien à voir avec eux (1) ».

(1) Séance du 20 janvier 1887, au Sénat ; Sénat, *Débats parlementaires*, 1887, p. 35.

Ainsi donc, l'amendement Paris, dans l'esprit même de ses auteurs, devait laisser intactes les conventions matrimoniales.

Le rapport de M. Arnault n'est pas moins explicite : l'honorable député déclare formellement que la séparation de corps ne modifie en rien les règles relatives à la dotalité, et ces déclarations sont si nettes, si précises qu'aucun doute n'est possible : nous devons « mentionner, dit-il, la survivance de l'inaliénabilité de la dot sous le régime dotal, avec toutes ses conséquences (1).

3° Si l'on examine le caractère général de la loi du 6 février 1893, et l'esprit dans lequel elle a été conçue, on ne peut que persister dans le système que nous soutenons. Au sein de la commission, au Conseil d'État, au Sénat, tout le monde était du même avis : il fallait affranchir la femme séparée de corps de l'autorité maritale devenue inutile, dangereuse, odieuse ; c'est ce résultat, et ce résultat seul qu'on désirait atteindre ; il ne fut jamais question d'aller au delà ; il ne fut jamais question de toucher aux conventions matrimoniales des époux en cas de séparation de corps.

4° Enfin, les principes généraux du droit fournissent un argument décisif à l'appui de la thèse que nous soutenons, une raison qui, à elle seule, suffirait à déterminer notre opinion : nous voulons parler de la règle de l'immutabilité des conventions matrimoniales déposée dans l'article 1395 du Code

---

(1) Rapport précité de M. Arnault, *loc. præcit.*

(2) En ce sens : Arnault, *Recueil de l'Académie de législation de Toulouse*, année 1893, t. XLI, p. 346 et s. Thiénot, *loc. cit.*, 389. Sarrand, *loc. cit.*, p. 131. Cabouat, *op. cit.*, p. 67. Margat, *op. cit.*, p. 85 et s.

civil. Il ne peut être dérogé à ces conventions durant le mariage ni directement ni indirectement. Cette règle a été édictée dans l'intérêt des conjoints pour assurer la paix des familles, l'union des ménages, le respect des bonnes mœurs. Elle a été posée aussi dans l'intérêt des tiers que les époux auraient pu tromper avec trop de facilité s'il leur avait été possible de modifier leur contrat de mariage au cours de la vie commune. Il s'agit en un mot d'une prescription d'ordre public à laquelle nul n'a le droit de contrevenir. Les pactes qui tendraient à modifier dans une mesure quelconque, directement ou indirectement le régime adopté par les époux doivent donc être prohibés de la façon la plus absolue par application des dispositions de l'article 1395. Or, en soutenant que la séparation de corps entraîne cessation de la dotalité, ne porte-t-on pas la plus grave atteinte au principe de l'immutabilité des conventions matrimoniales. Les conjoints que la dotalité gênerait, obtiendront, grâce à une entente frauduleuse savamment concertée, un jugement de séparation de corps à la suite duquel la femme pourra réaliser ses biens dotaux en toute liberté. Et quand toutes leurs dispositions seront prises, quand leur but sera atteint, ils se rendront chez leur notaire faire constater leur réconciliation « et la reprise de la vie commune, en riant de nos législateurs (1) ».

Si la loi du 6 février 1893 avait dû conduire à de pareils résultats, il faudrait en souhaiter l'abrogation immédiate.

Nous avons établi que la séparation de corps n'avait point

(1) Thiénot, *loc. cit.*, p. 387.

modifié les règles ordinaires de la dotalité. Faut-il admettre la
même solution dans les hypothèses exceptionnelles où les
biens dotaux sont déclarés aliénables :

1° Par le contrat de mariage (art. 1557, C. civ.);

2° Par les textes du Code civil (art. 1555, 1556, 1558, 1559);

3° Par les dispositions législatives étrangères à ce Code
(art. 13 de la loi du 3 mai 1841)?

1° Aux termes de l'article 1557 du Code civil « *l'immeuble
dotal peut être aliéné quand l'aliénation en a été permise
par le contrat de mariage* ».

Antérieurement à la loi nouvelle, la femme séparée de corps
pouvait dans les cas prévus par cet article s'obliger sur ses
biens dotaux ou les aliéner avec la seule autorisation de son
mari ou de justice. La nécessité de cette autorisation n'était
pas alors une conséquence de la dotalité; elle s'imposait à la
femme par application des règles du droit commun. L'article 3
§ 3 ayant modifié ces règles, nous pensons que la femme séparée de corps est maintenant en droit de s'obliger sur ses biens
dotaux ou de les aliéner dans les cas prévus par l'article 1557(1).

_____

(1) Ajoutons que maintenant comme autrefois, l'épouse séparée de corps
ne pourra se prévaloir des dispositions de l'article 1557 et en user, que dans
les cas spécialement déterminés par le contrat de mariage. En dehors de ces
limites, le principe de l'inaliénabilité subsiste et nous avons vu qu'elle y
demeure soumise. C'est ainsi, par exemple, que le droit pour cette femme
d'aliéner sa dot n'entraînera pas celui de l'hypothéquer (Req., 13 décembre
1853, D. 1854.1.329 ; Lyon, 22 février 1867, D. 1868.2.80 ; Req., 1er décembre
1868, D., Supp. au *Rép.*, Contr. de Mariage, n° 1277 note 1. — Aubry et Rau,
op. cit., t. V, § 537 n° 4, note 60. Colmet de Santerre, *op. cit.*, t. VI, n° 229
bis VI), pas plus que la faculté de disposer de ses immeubles ne lui don-
nera celle d'aliéner sa dot mobilière et notamment de céder son hypothèque
légale ou d'y renoncer (Caen, 23 janvier 1855, D., Supp. au *Rép.* Contr. de

2° Aux termes des articles 1555 : *La femme peut avec l'au-torisation de son mari, ou sur son refus, avec permission de justice, donner ses biens dotaux pour l'établissement des enfants qu'elle aurait d'un mariage antérieur ; mais si elle n'est autorisée que par justice elle doit réserver la jouissance à son mari.*

1556. — *Elle peut aussi, avec l'autorisation de son mari, donner ses biens dotaux pour l'établissement de leurs enfants communs.*

1558. — *L'immeuble dotal peut encore être aliéné avec permission de justice, et aux enchères après trois affiches. Pour tirer de prison le mari ou la femme. Pour fournir des aliments à la famille dans les cas prévus par les articles 203, 205 et 206 au titre du mariage. Pour payer les dettes de la femme ou de ceux qui ont constitué la dot lorsque ces dettes ont une date certaine antérieure au contrat de mariage. Pour faire de grosses réparations indispensables pour la conservation de l'immeuble dotal. Enfin, lorsque cet immeu-ble se trouve indivis avec des tiers et qu'il est reconnu im-partageable. Dans tous ces cas, l'excédent du prix de la vente au-dessus des besoins reconnus restera dotal et il en sera fait emploi comme tel au profit de la femme.*

1559. — *L'immeuble dotal peut être échangé, mais avec le consentement de la femme contre un autre immeuble de même valeur pour les quatre cinquièmes au moins, en jus-tifiant de l'utilité de l'échange, en obtenant l'autorisation*

mariage, n° 1231, note 1 ; Req., 21 août 1866, D., Supp. au *Rép.*, Contr. de mariage, n° 1280, note 1.

en justice, et d'après une estimation par experts nommés d'office par le Tribunal. Dans ce cas, l'immeuble reçu en échange sera dotal, et il en sera fait emploi comme tel au profit de la femme.

Ces textes exigent pour l'aliénation de la dot, dans un cas l'autorisation du mari (1556) ; dans un second cas, l'autorisation du mari ou de justice (1555) et dans tous les autres, l'autorisation de justice (1558 et 1559).

La loi du 6 février 1893 a-t-elle affranchi la femme séparée de corps de la nécessité de ces autorisations ? En d'autres termes, l'article 3, § 3 confère-t-il à cette femme le droit de disposer librement de sa dot dans les hypothèses prévues par les articles 1555, 1556, 1558 et 1559 ? Etant donné le silence du texte, il faut, croyons-nous, pour résoudre la question, s'inspirer de cette idée générale que la dotalité avec toutes ses conséquences survit à la séparation de corps.

Il n'est pas question ici comme dans le cas de l'article 1557 d'aliéner des valeurs dotales laissées disponibles par une clause du contrat de mariage et pour l'aliénation desquelles, l'autorisation du mari ou de justice est nécessaire par application du droit commun seulement. Il s'agit d'engager des biens dotaux frappés d'inaliénabilité et que la loi ne permet d'aliéner dans certains cas que sous le contrôle et avec l'assistance d'une autorité supérieure. L'intervention du mari ou de justice nous apparaît ici comme une conséquence de la dotalité et non comme une application des règles du droit commun. La femme séparée de corps doit donc y demeurer soumise comme par le passé.

3° D'après l'article 13 de la loi du 3 mai 1841, la femme assistée de son mari peut consentir à la cession amiable de la partie d'un immeuble dotal frappée d'expropriation pour cause d'utilité publique et traiter de gré à gré avec l'administration pour le prix de l'indemnité.

Nous avons admis que la loi du 6 février 1893 n'avait pas soustrait la femme séparée de corps aux règles de la dotalité ; nous avons admis que cette femme restait soumise à l'autorisation du mari ou de justice toutes les fois que cette autorisation intervenait comme une condition nécessaire à l'aliénation des immeubles dotaux déclarés inaliénables. Si notre règle est exacte, il faut en faire une courageuse application dans tous les cas où elle se présente et décider qu'aujourd'hui encore l'intervention du mari est indispensable à la femme séparée de corps qui veut bénéficier des dispositions de l'article 13 de la loi du 3 mai 1841.

Il convient d'ajouter que si la loi du 6 février 1893 n'a porté aucune atteinte au principe de l'inaliénabilité des biens dotaux déposé en l'article 1554, elle n'a pas modifié non plus la règle édictée par l'article 1561 en vertu de laquelle ces biens deviennent prescriptibles après la séparation. La femme séparée de corps qui n'a pas la faculté d'aliéner directement ses valeurs dotales pourra donc comme par le passé, les aliéner indirectement en les laissant prescrire (1).

---

(1) DROIT COMPARÉ : *Italie* : 1124, C. civ... : « La femme séparée de biens en a la libre administration ; la dot demeure inaliénable et les sommes que la femme reçoit en paiement de sa dot sont dotales et doivent être employées avec autorisation de justice (Huc, *loc. præcit.*)

2° INCAPACITÉS ÉTRANGÈRES AU RÉGIME DOTAL. — Sans recourir aux règles de la dotalité les conjoints peuvent décider que certains propres de la femme seront inaliénables ou aliénables sous condition de remploi imposé par contrat de mariage ; ils peuvent également décider que l'épouse sera totalement ou partiellement incapable de s'obliger pendant le mariage. Quel est le sort de clauses semblables en cas de séparation de corps ? La femme doit-elle, comme par le passé, respecter l'inaliénabilité dont ses biens sont frappés ? Sera-t-elle tenue d'effectuer les emplois ou remplois obligatoires aux termes du contrat de mariage et les tiers seront-ils garants de ces emplois ou remplois ? Enfin l'épouse demeurera-t-elle incapable de s'obliger dans les limites prévues par les conventions matrimoniales ? La séparation de corps en restituant à la femme sa pleine capacité civile ne lui donne-t-elle pas au contraire le droit de disposer de tous ceux de ses biens qui ne sont pas frappés de dotalité, même de ceux qui ont été déclarés inaliénables par contrat de mariage ; ne lui permet-elle pas également de s'obliger conformément au droit commun ?

Nous admettrons ici une solution identique à celle que nous avons proposée sur la question précédente, la situation nous paraît être la même dans les deux hypothèses : le législateur de 1893 a voulu affranchir la femme séparée de l'incapacité qui pesait sur elle en vertu de la loi, mais il n'a pas entendu porter atteinte aux conventions matrimoniales.

Nous reconnaissons que les travaux préparatoires de la loi ont été plus explicites en ce qui concerne le maintien de la dotalité, qu'ils ne le sont ici, et cependant ils ne laissent guère de doutes : l'amendement de M. Naquet, les observations échangées entre MM. Roger-Marvaise et Léon Renault visaient non seulement les clauses de dotalité, mais encore toutes les stipulations du contrat de mariage restrictives de la capacité de la femme quelles qu'elles soient.

Rappelons en second lieu que si la séparation de corps laisse subsister le mariage, elle laisse subsister aussi le contrat de mariage avec toutes les clauses qui y ont été valablement insérées.

Enfin nous avons vu que le principe de l'immutabilité des conventions matrimoniales ne permettait pas la suppression de la dotalité en cas de séparation de corps. Le même principe s'oppose avec autant de force et de raison à ce que les autres clauses restrictives de la capacité de la femme disparaissent en pareil cas.

CHAPITRE V

La séparation de corps peut cesser à toute époque par la réconciliation des époux. Tel est sinon l'espoir, du moins le vœu du législateur. Reste à préciser les effets de cette réconciliation tant au regard des tiers que dans les rapports des conjoints entre eux.

Sous l'empire du Code civil, la reprise de la vie commune avait pour résultat immédiat de rendre au mariage tous ses effets civils quant à la personne des époux et quant aux enfants.

En ce qui concernait leurs biens, les conjoints jouissaient d'une double alternative :

La séparation de biens qu'entraîne la séparation de corps ne cessait pas de plein droit, le mari et la femme pouvaient y demeurer soumis. Ajoutons qu'il était inutile en pareil cas de porter le fait de la réconciliation à la connaissance des tiers, la capacité de la femme ne subissant aucun changement.

Les époux avaient également le droit de se replacer sous l'empire des conventions matrimoniales qu'ils avaient originairement adoptées en se conformant aux dispositions de l'article 1451 du Code civil (1), mais ils devaient alors, pour rendre

---

(1) Cet article ne se réfère, il est vrai, qu'au rétablissement de la communauté, mais on s'accordait à reconnaître que tout autre régime antérieur

cette option opposable aux tiers, remplir les mesures de publicité édictées par l'article 1445 du même Code.

Le législateur de 1804 n'avait pas cru que le fait de la réunion des époux dût nécessairement entraîner une modification de la capacité de la femme ; le régime de la séparation de biens auquel elle avait été soumise pendant la séparation de corps n'avait rien d'incompatible avec la vie commune.

La loi nouvelle ne devait pas consacrer la même solution ; il était impossible de laisser subsister l'indépendance complète de la femme en présence d'une réconciliation : les mesures destinées à la protéger pendant la séparation, à sauvegarder ses intérêts et sa dignité à l'encontre du mari, devenaient incontestablement inutiles et dangereuses après la reprise de la vie commune. Un changement s'imposait dans la capacité civile de la femme. Mais ce changement devait être porté à la connaissance des tiers pour la sécurité de leurs relations avec l'épouse ; il fallait donc l'entourer d'une certaine publicité. Tels étaient les deux aspects de la question que le législateur devait résoudre.

M. Griffe les avait assez nettement indiqués en appelant l'attention du Sénat sur ce point :

« La femme qui a obtenu à son profit la séparation de corps, disait-il, reprend la capacité absolue qui lui appartenait avant son mariage et qui appartient à tout Français majeur. Mais le mariage n'est pas dissous par la séparation de corps et la vie commune des époux peut renaître par la réconciliation ».

à la séparation pouvait être rétabli aux mêmes conditions. En ce sens : Rodière et Pont, *op. cit.*, t. III, n° 2237. Aubry et Rau, *op. cit.*, t. V, §§ 495, 496 et note 7. Le Senne, *op. cit.*, n° 541. Vraye et Gode, *op. cit.*, t. II, n° 841.

« Que deviendra dans ce cas la capacité de la femme » ?

« Il est évident que la capacité absolue cessera d'exister avec la cause qui l'avait produite » . . . .

. . . . . « Sur ce point, il ne me semble pas y avoir de difficulté et qu'un texte législatif soit absolument nécessaire ». .

. . . . . « Mais voici où la nécessité d'un texte m'apparaît : c'est lorsqu'il faut fixer et régler les effets de la nouvelle capacité de la femme au regard des tiers. La reprise de la vie commune n'est pas un fait suffisamment public pour que les tiers puissent être réputés avoir connu le changement survenu dans la capacité de la femme jadis séparée de corps ; donc pour les tiers, la capacité telle qu'elle résulte de la loi. . . . . doit être la règle tant qu'un acte public ne les a pas avertis officiellement du contraire (1) ».

C'est à la suite de ces observations que fut adoptée la disposition additionnelle qui devint plus tard l'article 3, § 4 de la loi du 6 février 1893.

Ce texte est conçu dans les termes suivants :

S'il y a cessation de la séparation de corps par la réconciliation des époux, la capacité de la femme est modifiée pour l'avenir et réglée par les dispositions de l'article 1449. Cette modification n'est opposable aux tiers que si la reprise de la vie commune a été constatée par acte passé devant notaire avec minute dont un extrait devra être affiché en la forme indiquée en l'article 1445 du Code civil et de plus, par la mention en marge : 1° de l'acte de mariage ; 2° du

(1) Discours de M. Griffe au Sénat, 25 janvier 1887 ; Sénat, *Débats parlementaires*, année 1887, p. 50 et 51.

jugement ou de l'arrêt qui a prononcé la séparation et enfin par la publication en extrait dans l'un des journaux du département recevant les publications légales.

Ainsi donc, aux termes de l'article 3, § 4 de la loi nouvelle, la femme séparée de corps se trouvera soumise après la réconciliation au régime de la séparation de biens. Mais ce changement de capacité ne sera opposable aux tiers que sous certaines conditions spécialement déterminées :

1° Acte notarié en minute constatant la reprise de la vie commune et affiché en la forme indiquée par l'article 1445 du Code civil.

2° Mention de cet acte en marge de l'acte de mariage et du jugement ou de l'arrêt qui a prononcé la séparation de corps.

3° Publication en extrait du même acte dans l'un des journaux du département recevant les annonces légales.

Ces mesures de publicité complémentaire sont excellentes. L'article 1445 exigeait simplement qu'un extrait de l'acte notarié constatant la réconciliation fut affiché dans la salle du Tribunal. C'était là un système de publications absolument insuffisant.

Le public sera averti d'une façon beaucoup plus sûre par la mention insérée dans les journaux.

Essayons maintenant de déterminer les effets de la réconciliation sur la capacité civile de la femme.

Il nous paraît indispensable d'introduire une distinction sur ce point. Nous examinerons successivement :

1° Le cas où les époux se sont conformés aux dispositions de la loi nouvelle.

2° Le cas où ils n'ont pas suivi les prescriptions édictées par l'article 3, § 4.

1° *Les époux se sont conformés aux dispositions de la loi nouvelle.*

La femme sera désormais soumise d'une façon complète au régime de la séparation de biens.

Dans ses rapports avec le mari, les effets particuliers de la séparation de corps vont disparaître à dater du jour de la réconciliation ; l'adultère de l'homme deviendra punissable dans le cas prévu par l'article 337 du Code pénal ; l'obligation de secours et d'assistance reprendra son caractère personnel ; la femme devra renoncer au droit d'avoir un domicile séparé et aux prérogatives qui sont attachées à ce droit, elle ne pourra plus exercer un commerce, une industrie, une profession quelconque sans l'autorisation maritale ; l'homme redeviendra de plein droit tuteur de sa femme interdite ; les enfants qui avaient été confiés à la mère pendant la séparation de corps retomberont sous la garde du père ; enfin l'épouse à qui il avait été interdit de porter le nom du mari, pourra le reprendre. Seules, les donations révoquées par la séparation de corps ne revivront pas de plein droit (1).

A l'égard des tiers, la capacité de la femme se trouvera gouvernée dans l'avenir par les règles de l'article 1449 du Code civil. Elle conservera la libre administration de sa fortune, mais elle sera soumise à l'autorisation du mari ou de justice dans tous les autres cas.

(1) Demolombe, *op. cit.*, t. IV, n° 511.

Quant aux actes que la femme a accomplis durant la séparation en conformité de l'article 3, § 3 ; ils devront être maintenus alors même qu'ils excèderaient sa nouvelle capacité. C'est là une application pure et simple des principes qui régissent la validité des actes : toute obligation contractée en vertu de la loi et conformément à ses dispositions est valable ; l'article 3, § 3 a rendu à la femme séparée de corps sa pleine capacité civile ; les actes consentis par elle en vertu de ce texte sont valables en principe et ils doivent être maintenus.

2° *Les époux n'ont pas suivi les prescriptions édictées par l'article 3, § 4.*

Il peut arriver que le mari et la femme aient négligé de faire acter et publier leur réconciliation. Il est même possible qu'ils aient omis volontairement d'accomplir ces formalités s'ils ont cru y trouver quelque avantage.

Il se produira en pareil cas une situation fort étrange :

Vis-à-vis du mari, la femme aura perdu sa capacité telle qu'elle était déterminée par l'article 3, § 3 de la loi nouvelle et sera soumise dans l'avenir au régime de la séparation de biens judiciaire comme dans l'hypothèse précédente.

Au regard des tiers, elle demeurera pleinement capable et conservera dans ses rapports avec eux la même indépendance que pendant la séparation de corps.

Il ne faut pas oublier en effet que la loi distingue soigneusement le fait de la réconciliation et sa constatation publique. La réconciliation suffit en elle-même pour entraîner le régime de la séparation de biens dans les rapports des époux entre eux. Mais c'est l'acte notarié qui rend ce régime opposable aux tiers lorsqu'il aura été publié conformément à la loi. « On aura donc, écrit M. Tournier, cette singulière anomalie d'une femme mariée, vivant avec son mari et jouissant d'une complète indé-pendance au regard des étrangers, pouvant donner, aliéner, hypothéquer ses biens, pouvant plaider sans le concours de son mari, ce qui, on en conviendra, dans notre organisation sociale comme dans notre législation, constitue une monstruo-sité (1) ».

Il convient d'observer que les époux auront toujours la fa-culté de mettre un terme à cette situation en se conformant aux prescriptions de la loi nouvelle ; mais il est évident qu'en pareil cas, la séparation de biens ne sera opposable aux tiers qu'à dater du jour où les formalités prescrites par l'article 3, § 4 auront été remplies.

Du cas où les dispositions de la loi n'ont pas été observées, il convient de rapprocher celui où elles ont été accomplies d'une façon irrégulière. Que se produira-t-il si les mesures de publi-cité édictées par l'article 3, § 4 n'ont pas été remplies ou l'ont été d'une façon incomplète, alors du reste que l'acte constatant la réconciliation est régulièrement intervenu aux minutes du notaire (2). La réconciliation demeurera sans effet au regard des tiers qui jusqu'à l'accomplissement de ces formalités sont réputés avoir ignoré la reprise de la vie commune. Le texte de la loi ne laisse subsister aucun doute à cet égard : la cessation

(1) *Revue du Notariat*, année 1893, n° 8915, p. 235.
(2) L'hypothèse n'est pas, croyons-nous de nature à se présenter fréquem-ment, car le notaire, quoique n'étant pas personnellement tenu de remplir les mesures de publicité prescrites par l'article 3, § 4, veillera néanmoins tou-jours en pratique à l'exécution de ces formalités.

de la séparation de corps, dit-il « *n'est opposable aux tiers que si la reprise de la vie commune a été constatée*, etc., etc. ».

D'autre part, comme l'article 3, § 4 exige l'exécution de toutes ces mesures avec la même rigueur, qu'il n'établit entre elles aucune distinction, il faut décider que l'omission de l'une suffira à entraîner la nullité de la séparation de biens alors même que les autres auraient été remplies. Les époux réconciliés qui veulent établir régulièrement entre eux le régime de la séparation de biens ne devront donc pas s'en tenir simplement aux publications prescrites par l'article 1445 du Code civil pour le rétablissement de la communauté; ils seront obligés de remplir également les mesures de publicité complémentaire, exigées par la loi nouvelle s'ils désirent rendre leur nouveau régime matrimonial opposable aux tiers.

Mais, l'absence totale ou partielle des formalités prescrites par l'article 3, § 4 n'aura plus les mêmes conséquences dans les rapports des époux entre eux; le simple fait de la réconciliation suffit ici pour engendrer la séparation de biens; le mari et la femme ne pourront pas se prévaloir l'un à l'encontre de l'autre d'une omission dans les mesures de publicité (1).

(1) DROIT COMPARÉ : *Allemagne :* D'après le projet de Code civil, la séparation ne peut pas être prononcée pour plus de deux ans. Si à l'expiration de ce temps, le divorce n'est pas requis par l'époux qui a obtenu la séparation, l'autre époux peut demander le rétablissement de la vie commune (De la Grasserie, *op. cit.*, p. 320).

Angleterre : Après la réconciliation des époux, la femme conserve la même indépendance que durant la séparation (Act du 28 août 1857, St. 20 et 21, Vict. c. 85, § 25. Lehr, *op. cit.*, p. 81, n° 110).

Autriche : Les époux séparés peuvent toujours reprendre la vie commune moyennant une simple déclaration au juge compétent (C. civ. autrichien,

Nous avons dit précédemment que sous l'empire du Code civil, les époux réconciliés qui ne voulaient pas se soumettre à la séparation de biens, pouvaient à toute époque se replacer sous l'empire de leur contrat de mariage en se conformant aux prescriptions de l'article 1451.

C'est une question fort grave que celle de savoir si la loi du 6 février 1893 leur a laissé la même latitude.

En décidant qu'après la réconciliation, la capacité de la femme sera réglée par l'article 1449, cette loi n'a-t-elle pas enlevé aux conjoints la faculté de rétablir leurs conventions matrimoniales ; ne les a-t-elle pas soumis forcément et nécessairement au régime de la séparation de biens judiciaire ?

art. 110, Lehr, *Traité élémentaire de droit civil germanique*, tome II, p. 287, n° 1178).

Espagne : Quand la réconciliation intervient, les biens sont de nouveau régis par la même règle qu'avant la séparation, sous réserve des actes régulièrement accomplis dans l'intervalle.

Au moment où ils se réunissent, les conjoints ont à faire constater par acte public les biens qu'ils apportent et ces biens constituent respectivement les propres de chacun d'eux.

Les apports doivent être constatés encore qu'ils consistent essentiellement en des biens que les conjoints possédaient avant la séparation (C. civ. espagnol, art. 1439, Lehr, *op. cit.*, p. 05, n° 144).

Italie : Les époux peuvent d'un commun accord faire cesser les effets du jugement de séparation, soit par une déclaration expresse, soit par le fait de la cohabitation sans que l'intervention de l'autorité judiciaire soit nécessaire (art. 157, C. civ. italien, Huc, *op. cit.*, p. 30).

Si après la dissolution de la communauté, les époux veulent la rétablir ils peuvent le faire par un acte public. Dans ce cas, la communauté reprend son effet comme si la séparation n'avait pas eu lieu sans préjudice des droits acquis par les tiers pendant la séparation.

Toute convention par laquelle on rétablirait la communauté avec des conditions différentes de celles qui la régissaient antérieurement est nulle (art. 1443, C. civ. italien, Huc, *op. cit.*, p. 305).

Certains commentateurs ont prétendu que l'article 3, § 4 présentait le caractère d'une disposition impérative et que les époux réconciliés ne pouvaient plus invoquer maintenant le bénéfice de l'article 1451. C'est en ce sens que se sont prononcés MM. Thiénot et Cabouat. Il faut « observer, dit M. Cabouat, que la loi du 6 février 1893 abroge virtuellement à l'égard des questions qu'elle a expressément résolues les textes du Code civil relatifs à la séparation de corps (conf..... art. 6). Donc, l'article 3, alinéa 4 est le seul dont nous ayons à tenir compte, or, comme nous l'avons dit plus haut, il impose aux époux réconciliés le régime de la séparation de biens (1) ».

Si cette opinion est exacte, quelle sera la situation des conjoints qui, au moment de leur réconciliation, se sont cru autorisés à suivre les prescriptions de l'article 1451.

Un premier point nous semble certain : l'acte notarié passé dans ces conditions ne rétablira point les conventions matrimoniales : celles-ci demeureront inexistantes non seulement au regard des tiers, mais encore dans les rapports des époux entre eux. Si l'on décide en effet que l'article 3, § 4 ne permet pas au mari et à la femme réconciliés de se replacer sous l'empire de leur contrat de mariage, il faudra bien reconnaître que la prohibition édictée par ce texte est absolument générale.

Les époux se trouveront-ils tout au moins soumis au régime de la séparation de biens ?

Une distinction nous semble nécessaire.

Pour rendre la séparation de biens opposable aux tiers, il

_____

(1) Cabouat, *op. cit.,* p. 82 ; Thiénot, *op. cit.,* p. 302.

ne suffit pas de remplir les mesures de publicité ordonnées par
l'article 1451 ; il faut encore satisfaire aux prescriptions de
l'article 3, § 4 de la loi nouvelle. Au regard des étrangers, la
capacité de la femme restera donc ce qu'elle était sous l'empire de la séparation de corps.

Aucune condition spéciale n'étant au contraire exigée pour
établir la séparation de biens entre époux réconciliés, la femme
sera désormais soumise à ce régime dans ses rapports avec
son mari, comme si elle n'avait pas fait constater par acte public la reprise de la vie commune.

Telles seraient les conséquences du système enseigné par
MM. Thiénot et Cabouat. Toutefois, nous ne croyons pas devoir l'admettre : nous pensons que la loi du 6 février 1893 a
laissé subsister intactes les dispositions de l'article 1451 ; si
donc les époux réconciliés au lieu de rester soumis à la séparation de biens, veulent se replacer sous l'empire du contrat
de mariage qu'ils avaient autrefois stipulé, il leur sera toujours
possible de le faire, à notre avis, pourvu qu'ils se conforment
aux prescriptions du Code civil (1).

On affirme que l'article 1451 est inapplicable au cas de séparation de corps parce qu'il contient des dispositions contraires à celles de l'article 3, § 4 de la loi nouvelle. C'est précisément le point qu'il importe d'élucider, et, il nous semble
résulter d'un examen attentif de la question que ces deux
textes n'ont rien de contraire.

Le législateur de 1804, nous le savons, avait laissé aux

(1) En ce sens Margat, *op. cit.*, p. 173. Sarrand, *op. cit.*, p. 142. Tournier,
op. cit., p. 336. Bonnet, *Journal du notariat*, 16 février 1893.

époux réconciliés le droit de se prononcer entre le maintien de la séparation de biens et le rétablissement de leurs anciennes conventions matrimoniales. Or la loi du 6 février 1893 ne s'est occupée que du maintien de la séparation de biens ; elle a donc modifié à cet égard la législation antérieure, c'est incontestable ; mais son action ne s'est pas étendue au delà, elle n'a rien dit du rétablissement des conventions matrimoniales ; elle a par conséquent laissé subsister intactes sur ce point les dispositions du Code civil.

Nous devons ajouter que les travaux préparatoires sont éminemment favorables à cette interprétation. « Nous croyons, disait M. Arnault, que le troisième alinéa de l'article 3 du projet ne prive pas les époux de ce droit de rétablissement. Ils peuvent au cas précédent se placer sous le régime de la séparation de biens, ce n'est pas douteux ; mais aussi, ils peuvent comme dans les autres cas, suivre la règle de l'article 1451 qui reste conçu en termes généraux et doit continuer de s'appliquer à toutes les femmes séparées (1) ».

Enfin, la solution que nous avons préconisée, nous paraît extrèmement avantageuse au point de vue législatif : les époux seront libres de mettre à leur réconciliation telle condition qu'il leur conviendra, et cette liberté de choix ne peut qu'être favorable à leur rapprochement. D'autre part, les tiers auront la plupart du temps avantage à ce que les conjoints rétablissent les conventions matrimoniales dont ils avaient escompté les effets en contractant avec eux.

(1) Arnault, Rapport précité à la Chambre des députés, *loc. præcit.*

Quelle sera la situation juridique de l'homme et de la femme après la reprise de la vie commune lorsqu'ils se seront conformés aux dispositions de l'article 1451?

Elle restera ce qu'elle était sous l'empire du Code civil puisque la loi nouvelle n'a introduit aucune modification sur ce point.

Entre époux, les conventions matrimoniales reprendront leur effet comme si elles n'avaient jamais été dissoutes.

De même, à l'égard des tiers, elles seront rétroactivement rétablies, sauf cette exception que les actes valablement passés par la femme durant la séparation, devront être maintenus (1).

Les diverses situations que nous venons d'envisager créeront, il ne faut pas se le dissimuler, des complications regrettables et des difficultés sans nombre.

Nous rencontrerons dans la pratique des affaires certaines femmes séparées, qui depuis leur réconciliation, auront successivement vécu : 1° sous le régime de la séparation de biens vis-à-vis de leur mari tandis qu'elles étaient encore soumises au régime de la séparation de corps dans leurs rapports avec les tiers ; 2° sous le régime de la séparation de biens au regard de tous ; 3° sous le régime de leur contrat de mariage.

---

(1) Les époux qui veulent se replacer sous l'empire de leur ancien contrat de mariage peuvent se borner, croyons-nous, aux publications de l'article 1445 et ne seront pas tenus de satisfaire à la publicité plus étendue de l'article 3 § 4 de la nouvelle loi. Ce dernier texte ne vise en effet que le cas où les conjoints veulent établir le régime de la séparation de biens,

Il serait à souhaiter que le législateur modifiât cette partie de son œuvre.

Dans quel sens une réforme pourrait-elle intervenir? Nous reconnaissons volontiers qu'il n'est pas aisé de donner à cette question une réponse absolument satisfaisante. Qu'on nous permette cependant une remarque : le Code civil ayant soumis la femme séparée de corps au même régime que la femme séparée de biens, pouvait sans inconvénient admettre que la séparation de biens subsisterait après la séparation de corps : la capacité de l'épouse restait la même dans ses rapports avec le mari et dans ses relations avec les tiers ; la reprise de la vie commune n'entraînait aucun changement et par suite aucune difficulté. Le législateur de 1893 ayant au contraire restitué à la femme séparée de corps, sa pleine indépendance, il devenait impossible de la maintenir dans cette situation après une réconciliation ; une modification s'imposait, c'est incontestable. Mais pourquoi cette modification n'est-elle que la substitution du régime de la séparation de biens au régime de la séparation de corps ? La logique ne le commandait pas ainsi : la séparation de biens est destinée à sauvegarder la dot mise en péril par la mauvaise administration du mari et nous ne voyons pas qu'il soit nécessaire de prescrire une semblable mesure au moment où deux époux séparés de corps vont reprendre la vie commune.

Il eût été préférable de consacrer le système admis par notre ancien droit et d'obliger les époux à se replacer sous l'empire de leur contrat de mariage (1). Cette solution eût présenté les

_____

(1) POTHIER, *Traité de la communauté*, n° 523.

plus grands avantages : on aurait évité ainsi les changements
multiples qui vont se produire dans la situation de la femme
séparée puis réconciliée, et l'on aurait corrigé en partie tout
au moins le vice de rédaction que contient le nouvel article 311, § 1, ce texte qui dit que « *la séparation de corps emporte toujours la séparation de biens* » alors que sous la législation actuelle c'est au contraire la cessation de la séparation
de corps qui emporte la séparation de biens.

Nous n'ignorons pas que ce système a soulevé de vives objections : on a soutenu qu'il constituerait une entrave à la réconciliation des époux ; la femme séparée de corps qui jouit
de sa pleine capacité ne voudra jamais, a-t-on dit, se replacer
dans l'état de dépendance auquel la soumettait son contrat
de mariage, tandis qu'elle acceptera la liberté relative que
lui laisse la séparation de biens. A notre avis, cette critique
n'est pas fondée : l'épouse qui pour se réconcilier renonce à
tous les droits que la séparation de corps lui avait donnés
relativement à sa personne, n'hésitera pas, il faut le croire,
à faire le même sacrifice en ce qui concerne ses biens.

APPENDICE

La question du nom des époux séparés de corps est intimement liée à celle du nom des époux divorcés.

Elles ont trouvé l'une et l'autre leur solution dans la loi du 6 février 1893.

Elles présentent dans certains cas des situations identiques et la plupart des difficultés que nous rencontrerons au cours de nos explications pourront recevoir par analogie une solution semblable à celle qui leur est donnée en cas de divorce.

Nous croyons donc qu'avant d'aborder l'étude de notre sujet, il est indispensable d'exposer en quelques mots les caractères généraux de la législation relative au nom des époux divorcés.

§ 1. — Notions générales sur la réglementation du nom des époux divorcés.

La question de savoir si la femme conserverait le nom de son mari après le prononcé du divorce fut soulevée au cours des débats qui précédèrent le vote de la loi du 27 juillet 1884.

Le 15 juin 1882, M. le duc de la Rochefoucauld proposait à la Chambre des députés un amendement tendant « à mettre en tête de l'article 295 du Code civil un paragraphe ainsi conçu : la femme ne pourra, à dater de la prononciation du divorce dans les formes prescrites par l'article 294, porter le nom de son ancien mari ».

M. Léon Renault, au nom de la commission, combattit cet amendement comme étant inutile : « Lorsque le divorce est prononcé, disait-il, tous les effets du mariage disparaissent ; dorénavant, aucun lien n'existe plus entre l'homme et la femme, par conséquent, le lien du nom périt avec tous les autres ».

Malgré ces déclarations, l'accord n'était pas complet au sein de la Chambre des députés : au cours de la séance du 17 juin 1882, l'honorable M. Bovier-Lapierre soutenait contrairement à l'avis de la Commission, que la femme divorcée avait dans tous les cas le droit de conserver le nom de son mari. D'autre part, un amendement dû à l'initiative de MM. de Douville-Maillefeu et Lepère, proposait de ne lui enlever ce droit que lorsque le divorce aurait été prononcé contre elle.

M. Gatineau fit alors observer que si bien les époux divorcés reprenaient en principe l'usage exclusif de leur nom, du moins, il était opportun de ne pas consacrer cette solution par un texte formel. Il faut, en effet, disait-il, laisser ici aux Tribunaux un pouvoir d'appréciation qui leur permettra d'autoriser la femme à garder le nom de son mari dans certaines circonstances spéciales, notamment quand elle exerçait sous ce nom pendant le mariage une industrie ou un commerce qu'elle a conservé après le divorce.

A la suite de cette intervention, les amendements de La Rochefoucauld et de Douville-Maillefeu, Lepère furent rejetés.

La question ne se posa plus et le texte définitif de la loi du 27 juillet 1884 est resté muet sur ce point.

Quelle avait été au juste l'intention du législateur ?

Il faut bien reconnaître qu'elle était demeurée quelque peu obscure. Si l'on s'en réfère au discours de M. Gatineau qui a entraîné l'opinion de la Chambre, on peut admettre que les Tribunaux avaient un pouvoir discrétionnaire pour interdire à la femme divorcée de porter le nom de son mari ou pour l'autoriser à s'en servir. On peut admettre également qu'elle avait dans tous les cas le droit de conserver ce nom pourvu qu'elle le fasse précéder des mots « épouse divorcée ».

Mais, le juge avait-il un pouvoir suffisant pour permettre à la femme de porter le nom de son mari sans le faire précéder de la qualification de « femme divorcée » ? Et d'autre part, la femme avait-elle le droit de prendre ce nom lorsqu'aucune disposition du jugement ne le lui défendait ? L'examen de ces deux points n'avait pas même été abordé au cours de la discussion.

Lorsque le législateur néglige de s'expliquer et laisse à l'interprète le soin de faire la loi, les difficultés ne peuvent manquer de surgir. Elles ne tardèrent pas à se produire ici : les auteurs ne parvinrent pas à se mettre d'accord sur la solution qu'il convenait de donner à la question, et les Tribunaux rendirent les décisions les plus variées.

Certains commentateurs pensaient que malgré le silence des textes, chacun des conjoints reprenait après le divorce l'usage exclusif de son nom (1).

_____

(1) Baudry-Lacantinerie, *op. cit.*, t. I, n° 741. Robert Frémont, *Traité pratique du divorce et de la séparation de corps*, n° 846 et s. Fuzier Hermann, *La Loi*, 25 mars 1885.

Tout en décidant que la femme divorcée perd, en règle générale, le droit de porter le nom du mari, une deuxième opinion admettait cependant que les Tribunaux pouvaient selon
les circonstances l'autoriser expressément à conserver ce
nom (1).

Enfin, d'après un troisième système, la femme qui durant
le mariage exerçait un commerce sous le nom de son mari,
avait acquis en quelque sorte un droit à la copropriété de ce
nom et pouvait en faire usage après le divorce, pour les actes
de son négoce (2).

Quant à la jurisprudence, elle se montrait fort indécise.
La Cour de Toulouse avait décidé que « la femme ne perd pas
virtuellement par le divorce le droit de porter le nom du
mari, lorsque indépendamment du mariage lui-même, elle a
acquis au moyen de son art ou de son industrie des droits à la
copropriété de ce nom » (3).

La Cour d'Alger avait interdit à l'épouse divorcée de porter
le nom de son mari par ce motif que « les faits relevés contre
elle faisaient craindre qu'en conservant son nom de femme
mariée, elle n'y attachât une déconsidération nuisible au mari
et aux enfants » (4).

La Cour de Nîmes avait admis le mari à s'opposer à ce que
la femme divorcée conservât son nom « alors qu'aucune cir-

(1) Goirand, *Traité pratique du divorce*, Commentaire de la loi du 27 juillet
1884, n° 192. Vraye et Gode, *op. cit.*, sous l'article 294, n° 4.

(2) Carpentier, *Traité théorique et pratique du divorce*, n° 329. Flurer,
note sous Dalloz, 1889, 2.9.

(3) Toulouse, 18 mai 1886, D. 1889.2.9.

(4) Alger, 26 décembre 1886, D. 1889.2.9.

constance spéciale ne créait à cette femme un droit sur ce nom » (1).

Enfin divers Tribunaux avaient jugé que le divorce brisant tous les liens du mariage, la femme devait abandonner le nom de son mari pour ne plus user que du sien, et cela, quand même le jugement ou l'arrêt de divorce ne se seraient pas expliqués sur ce point (2).

L'article 2 de la loi nouvelle qui a trouvé place sous l'article 299 du Code civil était destiné à modifier cet état de choses. Ce texte est ainsi conçu : « *Par l'effet du divorce, chacun des époux reprend l'usage de son nom* » (3).

(1) Nîmes, 8 avril 1887, D. 1889.2.10. — Voir également : Poitiers, 11 mai 1888 sous Cass., S. 1891.1.307.

(2) Lyon, 4 mars 1886, D. 1889.2.9; Die, 12 août 1886, *Gaz. Pal.*, 1886. 2. 497 ; Dijon, 27 juillet 1887, *Gaz. Pal.*, 1888.1.25 , Poitiers, 11 juillet 1892, S. 1892.2.281 ; Nantua, 18 février 1891, S. 1892.2.58.

(3) On a reproché au législateur de 1893 d'avoir jusqu'à un certain point manqué de logique en inscrivant dans une loi qui règlemente la séparation de corps une disposition relative au divorce. Il est certain que l'article 2 eût été mieux à sa place sous la loi du 27 juillet 1884. Il convient toutefois d'observer que la proposition déposée par MM. Allou, Batbie, Denormandie, Jules Simon ne renfermait aucune prescription concernant le nom des époux divorcés. Le texte qui devint plus tard l'article 2 de la loi du 6 février 1893 est dû à l'initiative du Conseil d'État. Les difficultés qu'avait créées le silence de la loi du 27 juillet 1884 se faisaient vivement ressentir en 1886. La section de législation voulut y mettre fin : le projet de loi sur la séparation de corps contenait une disposition règlementant le nom des époux séparés; à cette disposition, elle proposa d'ajouter un texte règlementant le nom des conjoints divorcés. « Le Conseil d'État a... estimé qu'il y avait lieu de mettre fin aux débats soulevés par cette question indécise, dit M. Flourens (rapport précité)(*loc.præc.*) Il a adopté deux dispositions distinctes : l'une relative au cas de divorce et l'autre relative au cas de séparation de corps. La situation, en effet, dans ces deux hypothèses, si elle est moralement identique, n'est pas juridiquement la même. Le divorce rompt tous les liens du mariage, aussi, le Conseil d'Etat propose-t-il de décider qu'il rend à chacun des époux l'usage exclusif de son

En règle générale, la femme divorcée ne pourra plus porter
le nom du mari et le mari qui avait ajouté à son nom celui de
sa femme devra cesser de l'y joindre (1).

La loi du 6 février 1893 n'a fait que cons.....rer à cet égard

nom. Cette disposition viendrait prendre place à la fin de l'article 299 dans
le chapitre du Code civil relatif au divorce ».

L'occasion se présentait de trancher la difficulté, on ne saurait trop féliciter le Conseil d'État de l'avoir saisie. Attendre le vote d'une loi spéciale
qui viendrait compléter celle du 27 juillet 1884 sur ce point, c'était en ajour-
ner la solution à une époque indéterminée. On ne peut méconnaître au surplus qu'il existe une certaine connexité entre les questions qui se rattachent
au nom des époux séparés de corps et celles qui se rapportent au nom des
époux divorcés.

Le législateur de 1893 s'est attiré une autre critique: l'article 299, a-t-on
dit, porte que « *l'époux contre lequel le divorce aura été prononcé perd
tous les avantages que l'autre époux lui aura faits soit par contrat de mariage, soit depuis le mariage* ». Pourquoi placer sous ce texte les prescriptions
relatives au nom des conjoints divorcés? Pourquoi insérer dans une même
disposition législative deux solutions absolument disparates ? — Peut-être,
est-il moins aisé de répondre à cette seconde objection qu'à la première.
Nous devons remarquer cependant que la nécessité de respecter le numé-
rotage des textes imposait presque fatalement cette combinaison.

(1) Droit comparé : 1° *Allemagne* : Le projet de Code civil décide que la
femme divorcée conservera le nom de famille de son mari (art. 1455) (de la
Grasserie, *op. cit.*, p. 323).

Angleterre : Après le divorce, la femme reprend son nom de famille
(Lehr, *op. cit.*, p. 61, n° 111).

Suisse : *Zurich* : Code civil, art. 625 : La femme divorcée conserve le droit
de bourgeoisie qu'elle avait acquis par son mariage, mais perd le nom de famille du mari (Lehr, *Code civil du canton de Zurich*, p. 15).

Saint-Gall : Loi du 4 janvier 1887, art. 1 : La dissolution du mariage n'o-
père aucun changement dans les droits civiques (de bourgeoisie) de la femme.
Si elle résulte d'un jugement de divorce ou de nullité, la femme reprend son
nom de fille (*Annuaire de législation étrangère*, 1887, p. 688).

Lucerne : Loi du 26 novembre 1880, art. 26 : La femme divorcée garde le
droit de bourgeoisie de son mari, mais elle reprendra son nom de famille
(*Annuaire de législation étrangère*, 1880, p. 486 et s.).

l'opinion généralement admise en doctrine et en jurisprudence. Nous n'y insisterons pas.

Nous nous bornerons à examiner deux hypothèses spéciales que le texte de l'article 2 n'a pas prévues et qui donnaient lieu sous l'empire de la législation antérieure aux plus graves difficultés.

1° On discutait autrefois le point de savoir si la femme divorcée pouvait conserver le nom de son mari lorsque pendant le mariage elle avait exercé sous ce nom soit une entreprise commerciale ou industrielle, soit une profession libérale. La question avait été posée par M. Gatineau devant la Chambre au cours des débats qui précédèrent le vote de la loi sur le divorce. L'honorable député pensait qu'elle devait être abandonnée à l'appréciation des Tribunaux ; selon lui, la femme pouvait avoir acquis en pareil cas un droit véritable sur le nom du mari et il n'eût pas été juste que le divorce lui enlevât ce droit.

Nous avons vu, au surplus, qu'une partie de la doctrine et de la jurisprudence s'était depuis lors prononcée dans le même sens.

La solution contraire semble devoir s'imposer sous l'empire de la loi nouvelle : les termes de l'article 2 sont formels, ils décident que « *par l'effet du divorce, chacun des époux reprend l'usage de son nom* », et ils n'admettent à cette règle aucune restriction, aucune dérogation de quelque nature qu'elle soit.

L'étude des travaux préparatoires ne fait du reste que confirmer cette interprétation et ne laisse subsister aucun doute à cet égard. Au cours de la séance du 18 janvier 1887, M. Boulanger présentait au Sénat les observations suivantes : « Une femme obtient le divorce contre son mari ; or, pendant la durée du mariage, elle a fondé un commerce qui ne subsiste que grâce à son habileté personnelle ». . . . .

. . . . . « Le commerce n'est presque jamais connu du public sous un titre spécial ; il n'y est représenté que sous le nom du mari. Est-ce que par le résultat de la disposition nouvelle, dès le lendemain du divorce, la femme devra enlever son enseigne, changer ses circulaires, ses prospectus et ses factures ? — Je crois que cela aurait un résultat fort préjudiciable ».

. . . . . « Vous mettrez ainsi la femme dans une situation difficile alors que c'est elle qui a fondé l'industrie et qui doit continuer à l'exercer pour soutenir sa famille » . . . .

. . . . . « Il me paraît équitable et juste de considérer que la femme a acquis une sorte de copropriété du nom du mari alors que ce nom s'est commercialisé par l'exercice d'une profession continuée pendant de nombreuses années et dont toute la prospérité dépend de son travail (1) ».

M. Allou répondit au nom de la commission dans les termes que voici : « Je comprends bien ce qu'il peut y avoir d'intéressant dans des situations particulières comme celles sur lesquelles insistait tout à l'heure l'honorable M. Boulanger. Mais hélas, s'il fallait faire le compte de tous les désastres qui sont la conséquence de la rupture du lien conjugal et examiner devant vous toutes les misères résultant du divorce même, je

(1) Discours de M. Boulanger au Sénat, 18 janvier 1887 ; Sénat, *Débats parlementaires*, année 1887, p. 19 et 20.

vous assure que nous ne nous trouverions pas ramenés simplement à des questions d'étiquette et d'achalandage ».

« Il faut donc se résigner à envisager les choses d'une manière générale » . . . .

. . . . . « Comment accepter que la femme qui aura créé
un établissement commercial soit autorisée par la justice à
continuer à prendre le nom du mari quand rien ne la rattache
plus à celui-ci ? Mais la femme peut courir des aventures comme
commerçante ! Mais elle arrivera peut-être à la faillite ! Et vous
croyez qu'il est possible que le mari divorcé, ayant séparé
complètement son existence, ses intérêts, son nom, de l'existence, des intérêts, du nom de sa femme, puisse être mis en
faillite, en quelque sorte, sous le nom de sa femme commerçante, parce que le Tribunal l'aura autorisée à continuer les
affaires dans des conditions dans lesquelles elle les avait autrefois poursuivies. C'est impossible ».

« Remarquez d'ailleurs, Messieurs, qu'il n'est pas si em-
barrassant que le croit l'honorable M. Boulanger, de répondre
aux difficultés de la situation. On fera dans ce cas ce qu'on
fait dans tous les cas où l'association est brisée. On enverra
une circulaire commerciale dans laquelle la femme commerçante dira qu'elle abandonne les affaires dans les conditions
où elle les avait fait prospérer ; qu'à partir de telle époque,
l'ancienne maison une telle, continuera les affaires sous telle
autre dénomination. De cette façon, on pare à tous les inconvénients et à toutes les difficultés » (1).

(1) Discours Allou au Sénat, 18 janvier 1887 ; Sénat, *Débats parlementaires*, année 1887, p. 20.

Après de telles explications, on ne peut se méprendre sur le sens qu'il convient d'attribuer à l'article 2 : d'une façon générale, le divorce enlève à la femme commerçante le droit de porter le nom du mari.

Pourra-t-elle tout au moins conserver ce nom en le faisant précéder de la mention du divorce ? — Nous lui reconnaîtrons à cet égard les mêmes prérogatives qu'à toute autre femme et nous proposerons de la soumettre à la règle générale que nous adopterons sur ce point (1).

Le législateur a-t-il consacré ici la solution la plus équitable ? Il est permis d'en douter : quand le divorce est prononcé contre l'épouse, la perte du nom de l'époux peut être considérée comme la juste conséquence de ses torts ; mais lorsque cette mesure intervient en sa faveur, n'est-il pas inique d'enlever à la femme un nom auquel elle a donné une valeur commerciale ?

Nous devons reconnaître d'ailleurs qu'il n'était pas aisé de régler par une disposition unique une situation qui peut se présenter sous les aspects les plus divers.

Ainsi que l'observe M. Arnault, les usages qui ne manqueront pas de s'établir à l'avenir pourront seuls donner une solution pratique à ces difficultés : « Désormais, dans les contrats de mariage, dit l'éminent rapporteur, il faudra tenir compte du divorce comme on tenait déjà compte de la mort. Cela se fera d'une façon plus ou moins discrète et voilée, mais il sera difficile de négliger cette perspective. Ainsi, la femme fondant un établissement de commerce n'oubliera pas cette

(1) Voir *infra*, p. 149, 150, 151 et 152.

éventualité possible et ne placera pas tout son avenir sur le seul nom de son mari. De cette façon, pourront disparaître ou être fort atténués les inconvénients ci-dessus signalés (1) ».

Reste à examiner une dernière hypothèse : il peut se faire que l'entreprise commerciale ou industrielle que la femme a exploitée pendant le mariage sous le nom du mari ne soit pas sa propriété exclusive et dépende de la communauté ou d'une société d'acquêts. Le cas est de nature à se présenter fréquemment, la classe à laquelle appartient généralement la femme commerçante stipulant de préférence le régime en communauté ou le régime dotal avec société d'acquêts.

Quels seront les droits de l'épouse divorcée lorsqu'un établissement semblable lui aura été adjugé par suite de la liquidation de la communauté ou de la société d'acquêts ? Pourra-t-elle continuer de l'exploiter sous le nom de son mari ? Devra-t-elle au contraire renoncer à faire usage de ce nom pour l'avenir ?

La situation de la femme nous paraît ici toute différente de ce qu'elle était dans l'hypothèse précédente : elle doit être considérée comme un véritable ayant cause de la communauté ou de la société d'acquêts ; elle doit avoir tous les droits qu'un acquéreur tient ordinairement de son vendeur. Il faut donc lui reconnaître la faculté qu'on accorde généralement au commerçant qui achète un fonds et qui est autorisé en l'absence de toute convention expresse sur ce point à faire usage du nom de son prédécesseur en indiquant sa qualité de successeur (2).

(1) Arnault, rapport précité, loc. præcit.
(2) Pouillet, *Dictionnaire de la propriété industrielle*, t. II, *nom*, § 3:

2° On s'était demandé sous l'empire de la législation antérieure si la femme pouvait conserver après le divorce le nom de son mari en le faisant précéder de la qualification « épouse divorcée ». Les auteurs s'accordaient généralement à lui reconnaître ce droit. Quant à la jurisprudence, elle semblait devoir se former en sens contraire (1).

La loi du 6 février 1893 ne s'est pas expliquée à cet égard, et le doute, l'incertitude persistent aujourd'hui comme par le passé.

Un premier point nous semble certain : lorsqu'elle est appelée à figurer dans un acte public ou sous-seing privé quel qu'il soit, la femme a le droit de faire suivre son nom de famille de celui du mari avec la mention « épouse divorcée ». Elle peut signer cet acte et y être désignée tout au long sous la rubrique suivante : « Mme M... épouse divorcée de M. X... ». Il n'y a là qu'une mention énonciative qui précise l'identité de la personne et qui contribue à la publicité de l'acte. Les travaux préparatoires de la loi nous paraissent formels en ce sens. « Quel effet le divorce doit-il produire au point de vue juridique, dit M. Arnault (rapport précité) (*loc. præcit.*) ? Une nouvelle addition à l'état civil. Désormais au lieu d'écrire dans les actes : un tel, une telle, époux, épouse X..., il faut mettre un tel, une telle, époux, épouse divorcée X... ».

La femme conserve-t-elle le même droit dans ses relations

nom du successeur p. 223 et s. et les nombreuses décisions judiciaires qui y sont rapportées.

(1) Nantua, 18 février 1891, S. 1892.2.58.

commerciales ou industrielles, dans ses œuvres littéraires ou artistiques, dans ses rapports mondains ?

Il n'est pas facile de répondre à la question.

On pourrait songer à invoquer ici le texte de l'article 2 et soutenir que les époux devant reprendre après le divorce l'usage de leur nom, il n'est plus permis à la femme de conserver le nom de son mari, alors même qu'elle le ferait précéder de la mention du divorce. Et toutefois, ce raisonnement nous semble reposer sur un principe inexact : « Sans doute, écrit M. Margat, l'article 299 nouveau interdit à la femme divorcée de prendre le nom de son ancien mari, sans restriction aucune. Mais, quand peut-on dire qu'il y ait port illicite de nom ? C'est précisément ce qu'il importe de savoir. Or, sur ce point, nous avons l'affirmation très nette de M. Flourens qui vient confirmer les principes généralement admis. Porter un nom, lit-on dans son rapport, c'est le prendre comme une chose sur laquelle on a un droit actuel, et non le mentionner comme l'indication historique d'une situation dans laquelle on s'est trouvé (1) ». La distinction qui précède nous apparaît comme étant absolument fondée ; il en résulte, à notre avis, qu'on ne peut invoquer le texte de l'article 2 pour interdire à la femme de porter le nom du mari en le faisant précéder de la qualification « épouse divorcée » ; et comme une semblable prohibition ne se rencontre nulle part ailleurs dans nos lois, il faudra reconnaître à la femme le droit absolu de rappeler ainsi son état antérieur, sa situation ancienne.

(1) Margat, *op. cit.*, p. 149.

Telle était du reste la solution que M. Arnault semblait vouloir admettre en ce qui concerne la femme commerçante : après avoir déclaré que cette femme perdrait en cas de divorce tout droit au nom de son mari, il ajoutait ceci : « Les Tribunaux n'ont pas de pouvoir discrétionnaire, et la femme sera réduite à mettre sa maison de commerce sous la rubrique de son état civil : une telle épouse divorcée de un tel, ainsi, elle conservera le nom commercial en le faisant précéder du sien » (Arnault, Rapport précité, *loc. præcit.*).

L'honorable rapporteur reconnaissait au surplus que l'épouse divorcée pourrait user du même droit dans ses rapports mondains : « En admettant, disait-il, que le mari puisse intenter un procès sur le fondement de cartes de visite ou de lettres de faire part, aura-t-il le dernier mot, si la femme s'incline et libelle ainsi ces mêmes cartes de visite : Mme X.... qui a obtenu le divorce contre M. Y.... ». Et plus loin : « Si cette femme est assez perverse pour essayer de salir le nom de son mari et de ses enfants, comment s'opposer à ce qu'elle accole tout exprès et à tout propos à son nom de fille, celui de son mari avec mention du divorce » (1).

Ajoutons cependant que si l'époux subissait à raison de cette situation, soit un préjudice matériel, soit un préjudice moral appréciable, il pourrait exercer de ce chef à l'encontre de sa femme une action en dommages-intérêts par application du droit commun.

Les règles que nous venons d'exposer s'appliquent au mari

(1) Arnault, Rapport précité, *loc. præcit.*

divorcé, tout aussi bien qu'à la femme. Le texte de l'article 2 n'établit en effet aucune distinction entre les époux.

§ 2. — Du nom des époux séparés de corps.

L'article 3 § 1 de la loi du 6 février 1893 qui a trouvé place en tête de l'article 311 du Code civil est ainsi conçu : « *Le jugement qui prononce la séparation de corps ou un jugement postérieur peut interdire à la femme de porter le nom de son mari ou l'autoriser à ne pas le porter. Dans le cas où le mari aurait joint à son nom celui de sa femme, celle-ci pourra également demander qu'il soit interdit au mari de le porter* ».

La séparation de corps n'entraîne pas, comme le divorce, la rupture du lien conjugal. Elle laisse subsister le mariage dans ceux de ses effets qui ne sont pas absolument incompatibles avec le nouvel état des conjoints. Les époux séparés à la différence des époux divorcés ne reprennent donc pas l'usage exclusif de leur nom ; ils restent à ce point de vue dans la situation où ils se trouvaient pendant le cours de la vie commune. La femme peut continuer de porter le nom du mari comme par le passé en vertu d'un usage reconnu et consacré par nos mœurs.

Les inconvénients qui devaient résulter dans certains cas d'un tel état de choses n'avaient point échappé aux préoccupations des auteurs du projet.

M. Allou les signalait au Sénat dans les termes suivants : « La femme après la séparation conserve le nom de son mari ;

il peut en résulter une situation très douloureuse et très cruelle
à un double point de vue ».

« Si le mari a été flétri, si son nom est souillé, la femme
peut-elle être contrainte après la séparation de corps à le porter toujours et à le jeter dans les relations de la vie ordinaire
pour éveiller les scandales et provoquer les répulsions. C'est
un premier aspect de la question ; il y en a un autre digne
d'intérêt ; c'est la situation du mari dont la femme a subi la
séparation de corps et qui l'a subie à raison des faits les plus
graves d'inconduite et de libertinage ; la femme, le lendemain
de la séparation de corps peut traîner dans la boue le nom d'un
galant homme avec le raffinement dans son impudence d'un
attrait impur. Il y a là une situation très cruelle et vous ne
pouvez vous imaginer combien les protestations sont nombreuses à cet égard ».

L'honorable rapporteur s'expliquait ensuite sur la façon dont
la commission entendait remédier au mal :

« Nous avons voulu, disait-il, résoudre la question..... Ici
encore nous avons apporté une certaine réserve ; nous cher-
chons un tempérament, une mesure intermédiaire, et c'est
ainsi que sur cette question, nous sommes arrivés à penser
qu'il ne fallait pas dire que la femme séparée de corps cessait
de porter le nom de son mari, alors surtout que la loi du divorce ne l'avait pas dit. En conséquence, nous avons pensé
qu'une question de cette nature pouvait être réservée à l'appréciation de la justice elle-même, et nous avons dit que lorsque la séparation de corps serait pendante devant le Tribunal,
il serait possible au mari de demander (alors que les faits qui

se dégageront d'une certaine situation, seraient de nature à préoccuper la justice elle-même), que le Tribunal voulut bien interdire à la femme de porter son nom, ou bien encore que la femme dans une situation analogue (alors que le nom de son mari aurait été flétri), pourrait demander à la justice l'autorisation de ne plus le porter. Voilà la forme atténuée, adoucie sous laquelle nous avons examiné cette question du nom (1) ».

Le projet soumis aux délibérations de la Haute Assemblée était ainsi conçu : « Le jugement qui prononce la séparation de corps ou un jugement postérieur peut interdire à la femme de prendre le nom de son mari ou l'autoriser à ne pas le porter ».

D'autre part, au cours de la séance du 17 juin 1885, M. Paris signalait au Sénat l'existence d'usages particuliers, à certaines régions, usages en vertu desquels le mari, et surtout le mari commerçant joint à son nom celui de sa femme. L'honorable sénateur demandait à ce que cette situation spéciale fut prévue et réglée par la loi. Il proposait d'introduire au texte ci-dessus mentionné un amendement permettant d'interdire au mari, en cas de séparation de corps, « de joindre à son nom celui de sa femme » (2).

Cet amendement fut accepté par la Commission. L'ensemble de ces dispositions a ensuite formé l'article 3, § 1 de la loi nouvelle.

Nous parlerons successivement :

(1) Discours Allou au Sénat, 13 juin 1885 ; Sénat, *Débats parlementaires*, année 1885, p. 678.
(2) Amendement Paris au Sénat, 17 juin 1885 ; Sénat, *Débats parlementaires*, année 1885, p. 701.

1° De la défense qui peut être faite à la femme de porter le nom du mari ;

2° De l'autorisation qu'elle peut obtenir de ne pas porter ce nom ;

3° De l'obligation qui peut être imposée au mari de ne pas joindre à son nom celui de sa femme.

1° De la défense qui peut être faite à la femme de porter le nom du mari.

La première partie de l'article 3, § 1, est ainsi conçue : « Le *jugement qui prononce la séparation de corps ou un jugement postérieur peut interdire à la femme de porter le nom de son mari* ».

Nous connaissons les motifs de cette disposition ; nous ne les rappellerons pas (1).

Reste à savoir si nous sommes ici en face d'un texte impératif ou d'un texte qui laisse au juge un certain pouvoir 'd'appréciation.

Aucun doute n'est possible à notre avis : le Tribunal saisi de la demande du mari n'est pas tenu d'y faire droit dans tous les cas ; il peut l'agréer ou la rejeter suivant les circonstances, selon qu'elle lui paraît bien ou mal fondée.

Les termes mêmes de l'article 3 paraissent éminemment favorables à cette solution : la loi dit que le jugement « *peut* » interdire à la femme de porter le nom de son mari, et le mot « *peut* » dont elle se sert, implique évidemment cette idée que le juge est investi du droit d'apprécier la demande.

(1) Voir *supra*, p. 152 et 153.

L'examen des travaux préparatoires confirme pleinement cette interprétation. « Nous avons pensé, disait M. Allou, qu'une question de cette nature pouvait être réservée à l'appréciation de la justice elle-même » (1). « L'interdiction, écrit d'autre part M. Flourens, ne doit pas être prononcée de plein droit, mais seulement, lorsqu'il résulte de l'examen de l'affaire qu'elle est commandée par un intérêt supérieur » (2).

Obliger le juge à accueillir nécessairement la demande du mari, lui enlever tout pouvoir d'appréciation, serait du reste faire naître des actions souvent peu justifiées, des procès qui n'auraient d'autre but que l'humiliation de la femme. Une loi destinée à sauvegarder le nom du père de famille et de ses enfants, deviendrait ainsi entre les mains d'un homme peu scrupuleux, un instrument de tracasseries et de vexations.

Lorsque le Tribunal aura prononcé l'interdiction dont parle l'article 3, quelles seront les conséquences pratiques de cette mesure ?

Les époux séparés se trouveront au point de vue du nom dans une situation identique à celle des conjoints divorcés. Il n'est pas douteux que la femme puisse joindre le nom de son mari au sien dans les actes publics ou sous seing privé en le faisant précéder de la qualification d' « épouse séparée de corps». Le législateur s'est très nettement expliqué à ce sujet au cours des travaux préparatoires. Le 17 juin 1885, lors de la discussion du projet au Sénat, M. Faye fit remarquer qu'il était impossible d'enlever à la femme l'usage du nom de son mari

(1) Allou, Discours précité du 13 juin 1885 au Sénat, loc. præcit.
(2) Flourens, Rapport précité, loc. præcit.

dans les actes publics ou sous seing privé sous peine de créer
des difficultés insolubles et de rendre extrêmement dangereux
pour les tiers tout rapport d'affaires avec la femme (1).

A la suite de ces observations, le Sénat renvoya le texte du
projet à la commission pour le remanier, et on y ajouta les
mots suivants : « Ces dispositions demeurent sans application
quand les parties figurent dans tous actes authentiques ou sous
seing privé (2) ».

Dans tous les autres cas, l'épouse séparée de corps pourra
comme l'épouse divorcée, prendre le nom de son mari en le
faisant précéder de la mention de la séparation de corps (3).

2° De l'autorisation que la femme peut obtenir de ne pas porter le nom du mari.

L'article 3, § 1 permet en second lieu, aux Tribunaux d'autoriser la femme à ne pas porter le nom de son mari.

Nous nous sommes expliqué sur les raisons qui ont amené le
législateur à prendre une semblable mesure : on a voulu éviter
à la femme l'opprobre et le déshonneur qui s'attachent au nom
du mari lorsque ce nom a été souillé et flétri.

Cette disposition nous apparaît ainsi comme étant la contre-
partie de celle qui précède.

Il est permis de se demander si elle présente une réelle

(1) Discours Faye au Sénat, 17 juin 1885 ; Sénat, *Débats parlementaires*,
année 1885, p. 706.

(2) Voir à cet égard : discours de M. Brisson au Sénat, 30 juin 1885 ; Sénat,
Débats parlementaires, année 1885, p. 785.

(3) Voir *supra*, p. 144-152, les observations relatives au nom de la femme
divorcée.

utilité : Du jour de la célébration du mariage, la femme porte le nom de son mari ; c'est sous ce nom qu'elle est ensuite connue et désignée dans les actes ordinaires de la vie. — Tel est l'usage ; mais, l'adoption par la femme du nom du mari est-elle la conséquence d'un droit que le mariage confère à l'épouse ? N'est-elle pas plutôt le résultat d'une habitude, la consécration d'une coutume que la loi ne reconnaît pas ?

L'intérêt qu'il convient d'attacher au texte que nous étudions dépend évidemment de la solution que comporte cette première question : si l'on admet que le mariage confère à la femme un droit véritable sur le nom du mari, il devient incontestable que ce texte présente la plus grande importance : l'épouse ayant acquis le nom de l'époux, ce nom est devenu le sien, elle est tenue de le conserver pendant toute la durée du mariage et une disposition expresse de la loi était nécessaire pour l'autoriser à ne pas le porter après la séparation de corps. Si l'on décide au contraire que c'est simplement par suite d'un usage universellement admis que la femme mariée prend le nom de son mari, il faudra bien reconnaître qu'elle n'avait pas besoin d'une autorisation pour se dispenser de porter ce nom (1).

(1) DROIT COMPARÉ : *Allemagne* : Projet de Code civil : Par le mariage, la femme prend le nom de son mari (art. 1274). De la Grasserie, *op. cit.*, p. 273.

Angleterre : La femme en se mariant prend le nom de son mari (Lehr, *op. cit.*).

Italie : C. civ., art. 131 : « La femme prend le nom de son mari » (Huc, *op. cit.*, p. 34).

Suisse : *Lucerne* : Loi du 26 novembre 1880, art. 3 : « La femme acquiert

Pour soutenir que la femme acquiert le nom du mari par l'effet du mariage, on a fait valoir les considérations suivantes :

Il est vrai, a-t-on dit, que le Code civil a gardé le silence sur cette question, mais s'il en est ainsi, c'est que le législateur de 1804 entendait se référer aux prescriptions de l'ancien droit. Or l'ancien droit décidait que la femme acquiert par le mariage le nom de son mari. Telle était du moins l'opinion de Pothier (1).

On ajoutait que cette solution est extrèmement avantageuse : elle favorise la publicité du mariage et fait connaître l'incapacité dont la femme est frappée (2).

Que l'acquisition par la femme du nom de son mari, constitue une mesure de publicité utile, c'est possible ; mais cette raison, quelle que soit sa valeur, ne peut suffire à faire admettre une semblable opinion si les prescriptions de la loi s'y opposent. Or, voici les résultats auxquels conduit la stricte application des principes généraux : « Les noms patronymiques sont soumis au double principe de l'hérédité et de l'immutabilité (lois du 11 germinal an XI et du 6 fructidor an II). Le nom de chaque personne est irrévocablement celui que lui ont transmis ses ancêtres et qui est inscrit sur les registres de l'État

le nom de famille de son mari » (*Annuaire de législation étrangère*, 1880, p. 486).

Saint-Gall : Loi du 4 janvier 1887, art. 1 : La séparation de corps ne change rien aux droits civiques ni au nom de la femme (*Annuaire de législation étrangère*, 1887, p. 688).

Zurich : C. civ., art. 584 : « La femme par le mariage prend le nom de famille de son mari » (Lehr, *Code civil du canton de Zurich*, p. 140).

(1) Pothier, *Mariage*, n° 401.

(2) Fuzier-Hermann, *loc. cit.*, et Code civil annoté, article 544, n°⁵ 85 et s.

civil (art. 57). Ce nom ne peut plus être modifié qu'en vertu
d'une autorisation du gouvernement (loi du 11 germinal an XI,
titre II), ou d'une disposition de la loi. Nous ne connaissons
pas de disposition législative qui confère à la femme le nom
de son mari, et si le mariage avait dû produire un pareil effet,
certainement les rédacteurs du Code civil auraient pris la peine
de le dire expressément comme ils l'ont fait pour l'adoption
(art. 347) (1) ».

« Légalement, la femme mariée conserve donc son nom de
famille ; par conséquent, c'est sous ce nom qu'elle doit être
désignée dans les divers actes publics ou sous-seing privé auxquels elle figure. Et c'est aussi de ce nom qu'elle doit signer
ces actes en y ajoutant, si elle le veut, la qualification d'é-
pouse de M. N... » (2).

Dans son rapport au Conseil d'Etat, M. Flourens a reconnu
l'exactitude de ces principes. « Il est certain disait-il, que
pendant la durée du mariage, la femme conserve le droit de
continuer à porter son nom patronymique, soit en le faisant
précéder du nom de son mari, soit en le prenant seul. Si l'u-
sage lui a reconnu la faculté de prendre le nom de son mari,
c'est à titre de prérogative de l'union légitime, pour consacrer
par un signe patent la confusion de deux existences en une
seule unité morale..... Ce sont là des prérogatives auxquelles

(1) Flurer, note précitée.
(2) Baudry-Lacantinerie, *op. cit.*, t. I, *Divorce*, n° 741 (édition 1885). Dans
le même sens : Bugnet sur Pothier, *Contrat de mariage*, n° 401. Carpentier,
op. cit., n° 320. Planiol, *Revue critique*, année 1887, p. 701. Poulle, *Du
nom de la femme divorcée et séparée de corps*, p. 7 et s... et Morael, *Traité
théorique et pratique de la conversion de la séparation de corps en divorce*,
t. I, n° 575 et s..

la femme est libre de renoncer sans que le législateur ait à intervenir (1).

M. Arnault était du même avis ; l'éminent rapporteur de la loi à la Chambre des députés s'exprimait dans les termes suivants : « Aucun texte de loi ne donne aucun effet sur le nom d'aucun des deux époux, aucun droit à l'un des deux époux sur le nom de l'autre. Il ajoute simplement une mention à l'Etat civil : un tel époux ou épouse de un tel ou une telle (2) ».

La question avait été déjà discutée en 1885 lors de la première délibération du projet de loi au Sénat.

L'honorable M. Brisson soutenait dès cette époque l'opinion qui fut plus tard celle de M. Flourens et de M. Arnault : « On ne rencontre dans notre législation actuelle, disait-il, aucune disposition qui oblige ni pendant le mariage ni après la femme à porter le nom de son mari ».

« Vous avez d'abord des usages sociaux, puis des nécessités légales qui font d'une part que la femme reçoit le nom de son mari dans le monde, et de l'autre, que dans certains actes, l'on rappelle forcément qu'elle est mariée à un tel, qu'elle est veuve, ou qu'elle est séparée de lui ou qu'elle a divorcé. Voilà tout ce que vous rencontrez non pas dans la législation actuelle, mais dans nos habitudes. Or, Messieurs, permettez-moi de vous dire que dans l'un comme dans l'autre cas, les modifications de l'article 311 proposées par les auteurs de la proposition de loi sont tout à fait inutiles. S'il s'agit simplement des usages sociaux, vous n'allez pas légiférer je pense,

(1) Flourens, rapport précité au Conseil d'État, *loc. præcit.*
(2) Arnault, rapport précité à la Chambre des députés, *loc. præcit.*

sur des questions de cartes de visite ; vous n'empêcherez ni par des dispositions de loi ni par des prescriptions juridiques d'appeler une femme du nom de son mari, même lorsqu'elle aura divorcé (1) ».

Il convient d'ajouter cependant que MM. Allou et Batbie ne partageaient point la même opinion : « Il n'y a pas de texte, il n'y a pas de disposition qui oblige la femme mariée à porter même pendant le mariage le nom de son mari, faisait observer M. Batbie. — Pourquoi la loi est-elle muette ? — Je crois que c'est par la même raison qui fût donnée pour expliquer l'omission du parricide. La loi est muette parce qu'il était impossible de prévoir qu'une femme mariée ne prendrait pas le nom de son mari. Il résulte en effet de la définition même du mariage, il résulte du lien étroit que cette union crée entre le mari et la femme — car il associe la femme à la position, à la dignité, aux honneurs de son mari — qu'il y a entre eux une *individua vitæ consuetudo*, comme disait la loi romaine ».

« Était-il utile de dire en présence de cette association si complète que la femme prendrait le nom de son mari ? Certes, on pouvait s'en rapporter à l'usage. Cet usage est si profondément établi dans les mœurs qu'il était inutile de le consacrer par une disposition spéciale de la loi (2) ».

(1) Brisson, discours au Sénat, 13 juin 1885 ; Sénat, *Débats parlementaires*, année 1885, p. 679.

Voir également en ce sens l'opinion de M. Paris : Discours au Sénat, 17 juin 1885 ; Sénat, *Débats parlementaires*, année 1885, p. 701.

(2) Batbie, Discours au Sénat, 17 juin 1885 ; Sénat, *Débats parlementaires*, année 1885, p. 701.

Voir dans le même sens : Allou, Discours au Sénat, 13 juin 1885 ; Sénat, *Débats parlementaires*, année 1885, p. 678.

Malgré ces quelques dissentiments, il est certain que la loi a entendu consacrer ici l'opinion émise par MM. Flourens et Arnault : les travaux de ces jurisconsultes « ont servi, dit M. Cabouat, à la préparation directe de la loi..., et leurs conclusions ayant été à peu près adoptées, il est vraisemblable que le législateur a entendu se les approprier avec la portée qu'elles tiraient du commentaire dont elles étaient accompagnées (1) ».

Si l'on nous permettait de tirer une conclusion de ce qui précède, nous dirions qu'il était inutile de prévoir et de régler par un texte formel une question que les principes généraux du droit suffisaient à résoudre. Telle était du moins l'opinion du Conseil d'État qui, dans son projet, avait supprimé la partie de l'article 3 que nous étudions. Elle fut rétablie par la commission du Sénat sur les instances de M. Allou qui estimait « qu'il pourrait y avoir pour la femme séparée les plus graves inconvénients à abandonner le nom de son mari (2) ». Quels étaient au juste ces inconvénients ? L'honorable rapporteur de la loi au Sénat ne s'est pas expliqué à cet égard (3).

Ajoutons que la question de savoir si la femme séparée de corps peut être autorisée à ne pas porter le nom de son mari,

(1) Cabouat, *op. cit.*, p. 111.

(2) Allou, Rapport supplémentaire au Sénat, *loc. præcit.*

(3) Il visait probablement le cas où des tiers trompés par un changement de nom auraient traité avec la femme sans connaître son identité et subiraient de ce chef un préjudice que leur cocontractante serait tenue de réparer.

Et toutefois, nous demandons quelle garantie peut offrir aux tiers le jugement autorisant la femme à ne plus porter le nom de son mari, alors que la loi ne prescrit pour ce jugement aucune mesure de publicité ?

doit être abandonnée comme la précédente à l'appréciation
souveraine des Tribunaux (1).

3· De l'obligation qui peut être imposée au mari de ne pas joindre à son nom celui de sa femme.

L'article 3 § 1 *in fine* est ainsi conçu : « *Dans le cas où le
mari aurait joint à son nom celui de sa femme, celle-ci
pourra également demander qu'il soit interdit au mari de
le porter* ».

Cette disposition prévoit et règle le cas où le mari aurait
ajouté à son nom le nom patronymique de sa femme. Elle n'é-
chappera peut-être point au reproche d'inutilité que nous
sommes tenté de lui adresser : l'homme ne peut incontestablement acquérir par le mariage aucun droit sur le nom de sa
femme. S'il l'ajoute parfois au sien, c'est en vertu d'une pratique que la loi n'a nulle part reconnue et consacrée. L'épouse
conserve la propriété exclusive de son nom et elle peut revendiquer cette propriété par application des règles du droit commun à l'encontre de tous ceux qui en feraient usage indûment,
à l'encontre de son mari aussi bien que des tiers.

La demande que la femme séparée de corps peut en pareil
cas adresser à la justice n'est pas subordonnée à l'appréciation
du Tribunal. Les juges sont tenus d'y faire droit nécessairement et toujours dès qu'ils auront constaté qu'en fait le mari
porte réellement le nom de la femme.

Les travaux préparatoires ne laissent aucun doute sur l'exac-

(1) Tribunal de la Seine, 13 juillet 1893, *Lois nouvelles*, 1893.2.130.

titude de cette solution : au cours de la séance du 20 janvier
1887, M. Léon Clément posa la question suivante à M. Allou :
« Est-ce que vous admettez que le Tribunal pourra sans le
consentement et malgré l'opposition de la femme accorder au
mari le droit de continuer à prendre le nom de sa femme ? »
A quoi M. le rapporteur répondit : « Non manifestement.... la
demande de la femme ne peut être refusée quand un texte
formel vient dire qu'il peut être également interdit au mari de
joindre à son nom celui de sa femme (1) ».

Nonobstant une telle prohibition, le mari peut, à notre avis,
faire suivre son nom de celui de sa femme dans les actes publics ou sous-seing privé, dans ses relations mondaines ou
commerciales en mentionnant sa qualité d'époux séparé de
corps (2).

(1) Observation Clément et réponse de M. Allou, 20 janvier 1887 ; Sénat,
Débats parlementaires, 1887, p. 39.

(2) Quelle sera la sanction des dispositions contenues en l'article 2 et en
l'article 3 § 1.

Lorsque l'article 3 fut discuté pour la première fois au Sénat en 1885,
M. Paris proposait d'appliquer ici la sanction édictée par l'article 259 § 2, du
Code pénal pour le cas d'usurpation de nom. « La Commission n'a établi,
dit-il, aucune sanction à l'appui des prohibitions qu'elle demande au Sénat
d'édicter. N'est-il pas à craindre que le nouvel article 311 demeure inefficace ?
Voulant parer à cet inconvénient grave, j'ai cru trouver dans l'article 259 du
Code pénal une disposition applicable à l'infraction que nous voulons empê-
cher. L'article 259 permet d'appliquer la peine de l'amende pour l'usurpation
de nom commise dans certaines hypothèses déterminées. L'analogie m'a
paru suffisante ; aussi ai-je proposé à la Commission d'adopter comme conséquence et comme sanction de la mesure très sage qu'elle adoptait, la
pénalité édictée par l'article 259 du Code pénal » (Paris, Discours au Sénat,
10 juin 1885 ; Sénat, *Débats parlementaires*, année 1885, p. 701).

La commission du Sénat avait favorablement accueilli cette proposition, mais le Conseil d'État la rejeta ; on ne l'a point renouvelée plus tard et elle n'a pas trouvé place dans la loi du 6 février 1893.

Quand l'un des époux aura contrevenu aux dispositions de l'article 2 ou au dispositif d'un jugement rendu par application de l'article 3 § 1, la seule sanction qui puisse l'atteindre sera une condamnation à des dommages-intérêts prononcée par les Tribunaux civils à la requête de l'autre conjoint. Le quantum de ces dommages-intérêts sera laissé à l'appréciation de la justice ; il variera suivant les circonstances de la cause.

L'action en dommages-intérêts dont nous parlons est-elle possible lorsque l'époux demandeur n'a subi aucun préjudice matériel ou moral ? Dès que l'existence de l'infraction est constatée la demande doit être considérée comme bien fondée, sauf aux Tribunaux à n'allouer qu'une indemnité minime au requérant qui ne peut exciper d'un préjudice réel.»

TABLE DES MATIÈRES

Vu :

Le Président de la thèse,

TARTARI.

Vu :

Le Doyen,

TARTARI.

Vu et permis d'imprimer :

Le Recteur de l'Académie de Grenoble,

ZELLER.

Imp. G. St-Aubin et Thévenot. — J. Thévenot, successeur, Saint-Dizier (Haute-Marne)

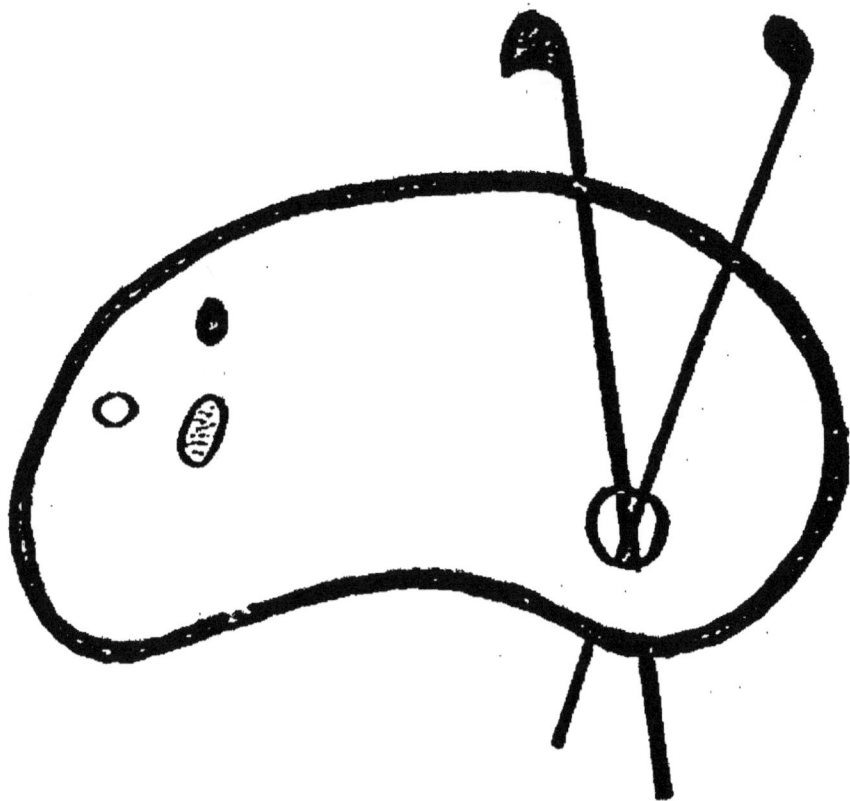

ORIGINAL EN COULEUR
NF Z 43-120-8